Thai Liou

ASIEN

Das Kochbuch

Thai Liou

ASIEN

Das Kochbuch

Authentische Rezepte aus Thailand, Vietnam, Japan, China und Korea

riva

Hallo Ihr Lieben,

Ich heiße Thai, wurde in Vientiane in Laos geboren und kam 1977 als politischer Flüchtling nach Frankreich.

Kochen war schon immer meine Leidenschaft. Das hat sicherlich mit meinen Eltern zu tun, die beide das Kochen zu ihrem Beruf gemacht hatten. Ich selbst habe lange als Kellner in asiatischen Restaurants gearbeitet und mir dabei umfassende Kenntnisse über die dort angebotenen Gerichte angeeignet. So konnte ich – ohne ausgebildeter Koch zu sein – mit Leidenschaft, Lust und vor allem mit guten Rezepten meine Mitmenschen verwöhnen.

Immer wieder fragten Freunde und Verwandte mich nach Rezepten, und manchmal hatte ich keine Lust, sie dauernd zu wiederholen. So kam ich im Jahr 2014 auf die Idee, zusammen mit meiner Freundin Isabelle und meinem Freund Jakkeri, der aus beruflichen Gründen im Jahr darauf umziehen musste, den YouTube-Kanal *Le Riz Jaune* zu gründen. Das Echo war fantastisch. Isabelle und ich betreiben den Kanal noch immer, weil uns das Kochen und der Austausch von Rezepten so viel Freude macht.

Im Laufe der Jahre wurde unsere Community immer größer, und viele Abonnenten fragten uns nach einem Kochbuch. Und nun ist es so weit! Meine Essgewohnheiten haben sich im Lauf der Zeit meiner neuen Heimat Frankreich angepasst, aber in diesem Buch möchte ich die Rezepte aus meiner Kindheit vorstellen.

Meine Eltern haben mir immer erzählt, dass ich schon als kleines Kind – sobald ich kauen konnte – ganz verrückt nach Jiaozi war. Daran hat sich wenig geändert, und ich habe dasselbe mit meinen Kindern erlebt. Vielleicht bin ich als Kind in die Phô-Suppe, die es im Restaurant meiner Eltern gab, hineingefallen. Allein der Duft dieser Gerichte versetzt mich heute in meine Kindheit zurück.

Ich hoffe, dass die Rezepte in diesem Buch bei dir interessante Geruchs- und Geschmackserlebnisse und vielleicht auch Erinnerungen hervorrufen, und dass auch du Freude daran hast, sie mit anderen zu teilen.

Aber um sie zu teilen, muss man sie erst einmal kennenlernen.

INHALT

VORSPEISEN

FLEISCH

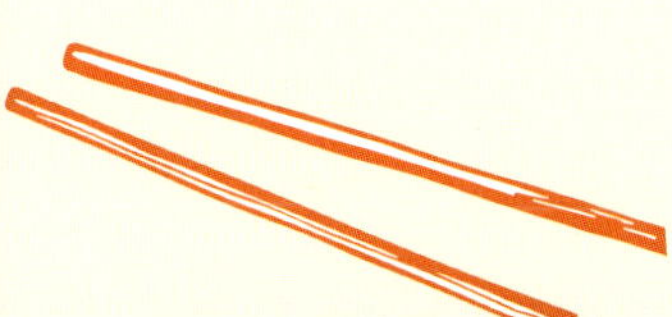

FISCH

VEGETARISCH

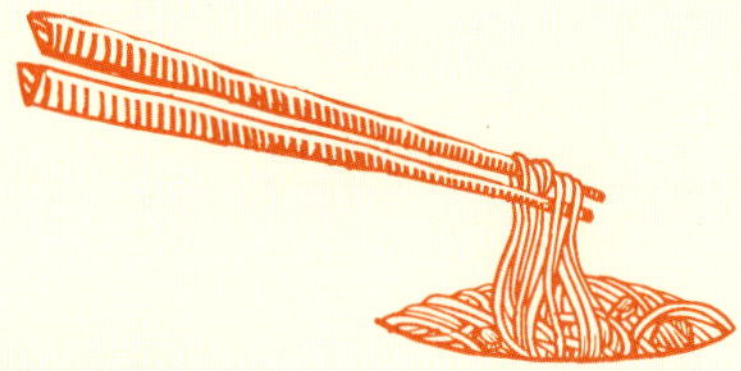

NUDELN UND REIS

DESSERTS

伸

ZUTATEN

DIE WICHTIGSTEN ZUTATEN
FÜR DEN VORRATSSCHRANK

In den letzten zwanzig Jahren hat in Europa das Interesse an der asiatischen Küche zugenommen. Das hat auch mit der koreanischen und japanischen Popkultur zu tun, vor allem mit Mangas, Filmen und Musik, die weltweit Anklang finden.

Heute sind Grundzutaten wie Sojasauce, Fischsauce (Nuoc Mam), Austernsauce oder Öl aus geröstetem Sesam in den meisten gut sortierten Supermärkten zu bekommen. Bei Gemüsehändlern und an Marktständen findet man Gemüse wie Chinakohl, Pak Choi, Sellerie, frische Frühlingszwiebeln und manchmal sogar Chinalauch. Auch die Gemüseabteilungen großer Supermarktketten haben oft eine gute Auswahl exotischer Gemüsesorten im Angebot.

Auch die Anzahl asiatischer Lebensmittelgeschäfte nimmt zu, allerdings findet man sie hauptsächlich in größeren Städten. Es gibt jedoch eine Reihe von Onlineshops, die sich auf asiatische Produkte spezialisiert haben. Dort bekommst du alles, was du zum Nachkochen der Rezepte in diesem Buch brauchst. So wird die asiatische Küche wirklich für jeden zugänglich

料理酒
mizkan
Reisessig
Sake zum Kochen
Mirin
Wasabi
キユーピー マヨネーズ
KEWPIE MAYONNAISE
450g
Japanische Mayonnaise
Squid
Fischsauce
Soy Sauce
helle Sojasauce
珠江橋牌
PEARL RIVER BRIDGE
Soy Sauce
dunkle Sojasauce
SHAOXING COOKING WINE
廚用酒
Shaoxing-Reiswein
LEE KUM KEE
SAUCE VÉGÉTARIENNE AUX CHAMPIGNONS POUR PLATS SAUTÉS
510g
vegetarische Austernsauce (auf Pilzbasis)
AMOY
HOI SIN SAUCE
Hoisin-Sauce
Maggi
Arome
Maggi®
Yeo's
香蔴油
150 mL℮
Sesamöl
Austernsauce

Sojasprossen
Koriander
Minze
Frühlingszwiebeln
Thai-Basilikum
chinesische
Auberginen
Galgant
Chili
Chinakohl
Zitronengras
Ingwer
Chinesischer
Brokkoli
(Kailan)
Nashi
Pak Choi
Thai-Duftreis
Seidentofu
Kaffir-
Limettenblätter

Udon
Soba
Sojavermicelli
RICE STICK
PREPARATION ALIMENTAIRE
COCK BRAND
MARQUE DEPOSEE
Mie-Nudeln
Reisvermicelli
Reisbandnudeln
Galettes de Riz
Reispapier
Teigblätter
Shinode
PREMIUM SUSHI RICE
weißer japanischer Reis (Sushi-Reis)
Tapiokaperlen
FARINE DE RIZ GLUANT
GLUTINOUS RICE FLOUR
Mehl aus Klebreis

schwarze Pilze (Mu-Err) und Shiitake, getrocknet
rotes Chilipulver
Gochujang (koreanische Würzpaste)
Sambal Oelek (indonesische Chilisauce)
Bambus-sprossen
rote und grüne Currypaste
braune Misopaste
Panko
Mungobohnen
rotbraune Misopaste
Tamarinden-paste

Wakame (Algen)

Noriblätter

Kombu (Seetang)

Kimchi

Bonitoflocken (Katsuobushi)

eingelegter Ingwer

eingelegter Senfkohl (Tsa Tsai)

Dashi (Granulat für Brühe)

Kokosmilch

Kokosraspel

getrockneter gesalzener Rettich

FALTTECHNIKEN

✳✳✳ FRITTIERTE TEIGTASCHEN ✳✳✳

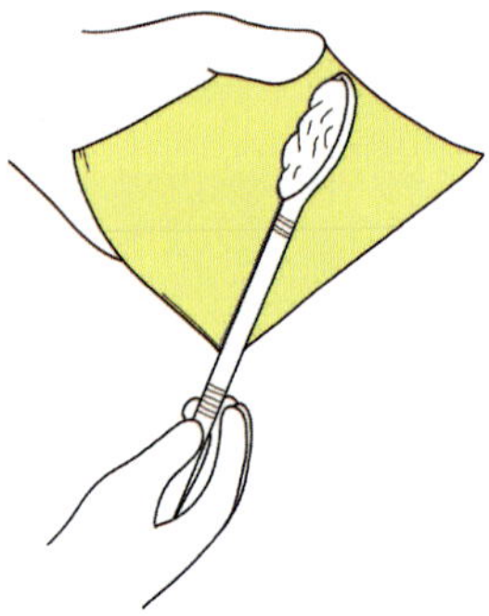

1. Ein Teigblatt in die Hand nehmen und einen gehäuften Teelöffel Füllung in die Mitte geben.

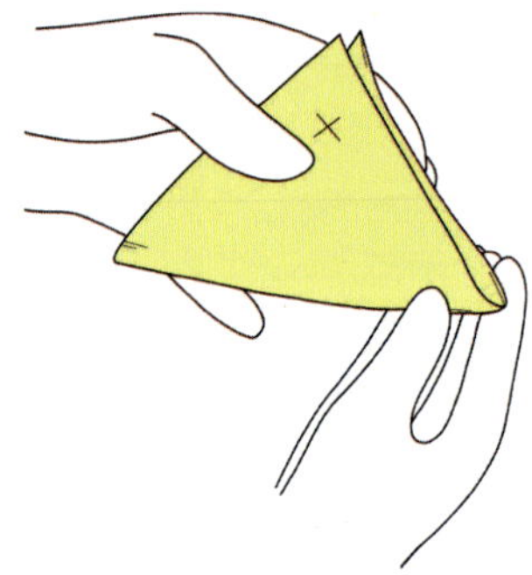

2. Zwei diagonal gegenüberliegenden Ecken zusammendrücken. So entsteht ein Dreieck.

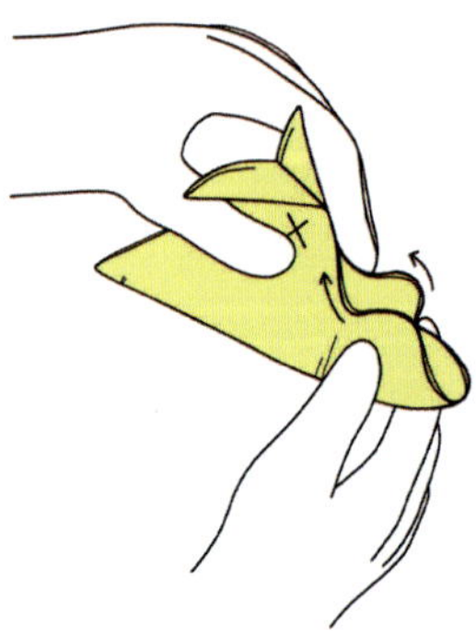

3. Die obere Spitze des Dreiecks mit der linken Hand halten. Die rechte Ecke zwischen Daumen und Zeigefinger der anderen Hand nehmen, zur oberen Spitze führen, dabei den Teigrand zusammenschieben, oben gut andrücken.

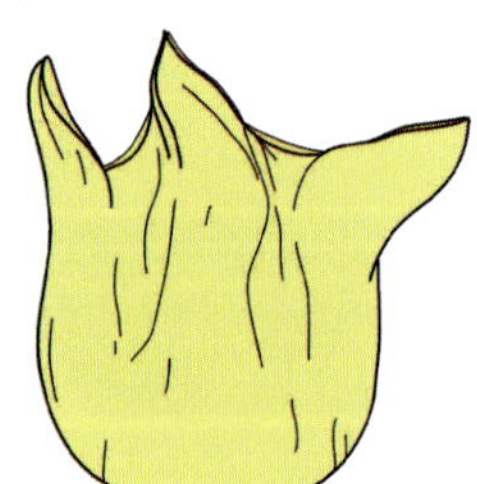

4. Drehen und die linke Ecke ebenso zur Mittelspitze führen. Alle Nähte gut zusammendrücken.

SIU MAI

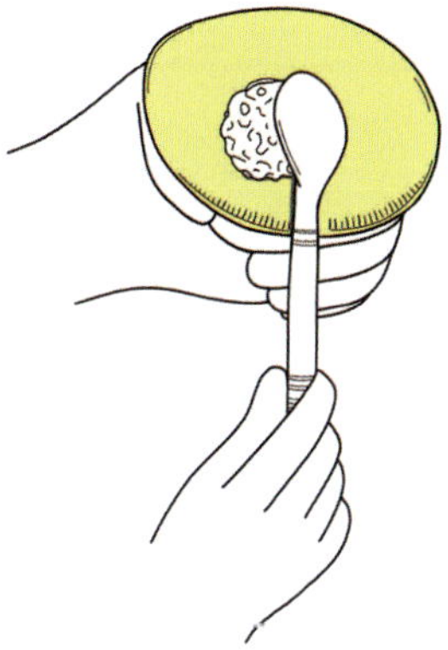

1. Die Ecken der Teigblätter abschneiden, um Kreise zu erhalten. Mit Daumen und Zeigefinger der linken Hand ein »O« formen und ein Teigblatt darüberlegen. Einen gehäuften Teelöffel Füllung in die Mitte geben.

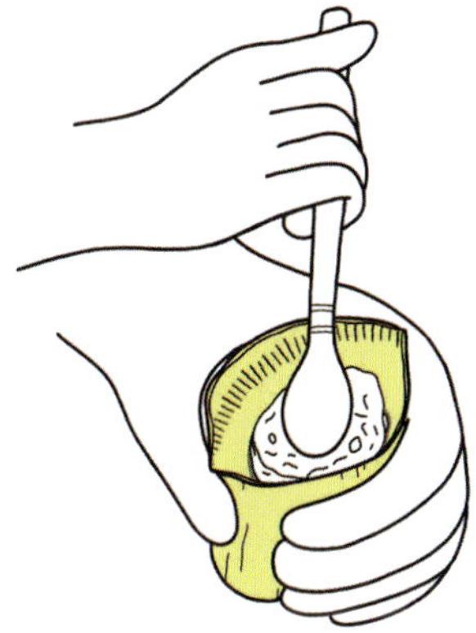

2. Füllung und Teig mithilfe eines Löffels nach unten drücken.

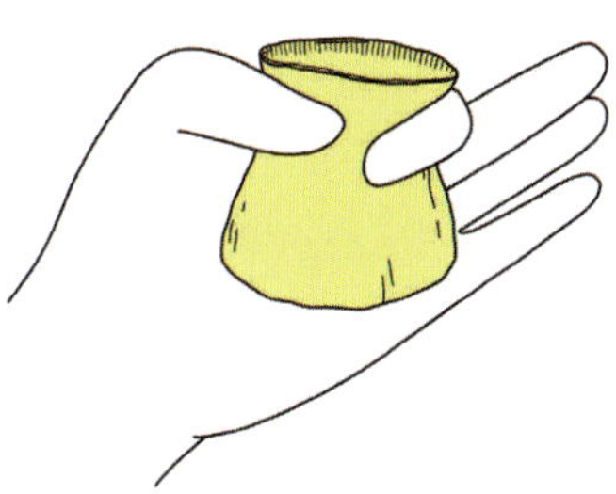

3. Gleichzeitig den oberen Rand vorsichtig zusammenziehen, aber nicht ganz zudrücken.

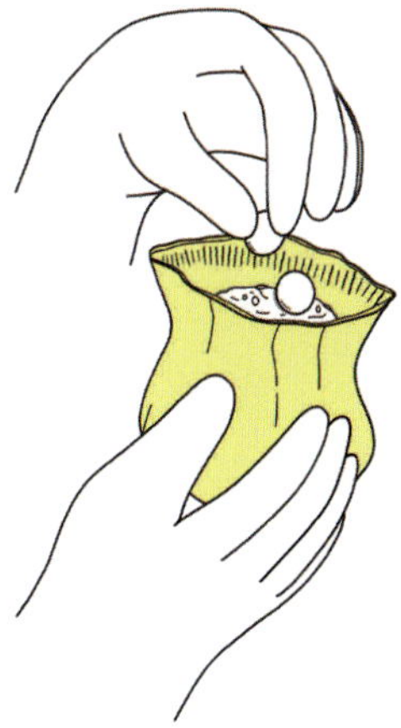

4. Zuletzt zur Garnierung eine Erbse in die Mitte legen.

✶✶✶ GYOZA UND JIAOZI ✶✶✶

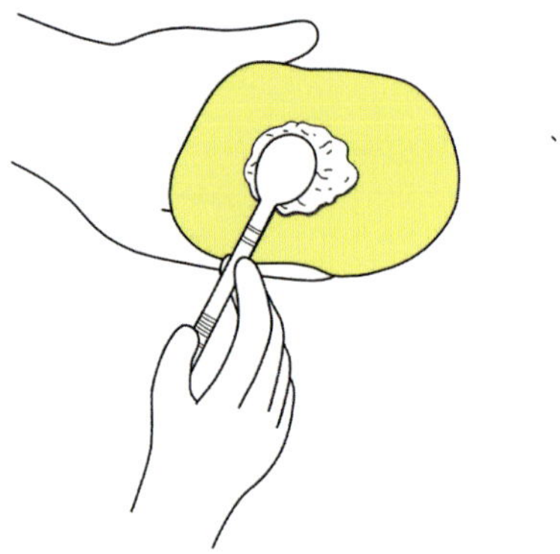

1. Einen Teelöffel Füllung in die Mitte eines runden Teigblatts setzen.

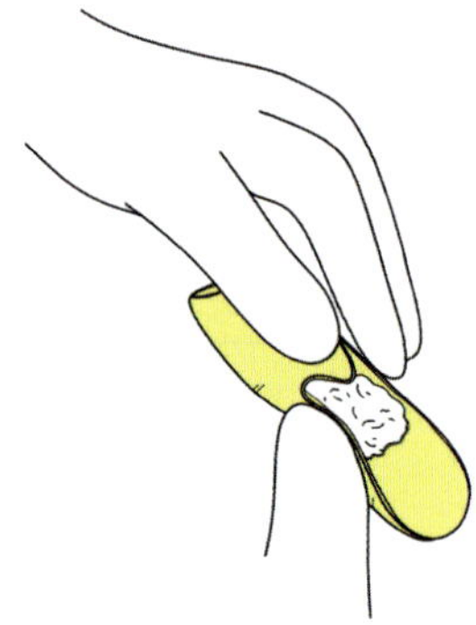

2. Zu einem Halbkreis zusammenfalten. Die Ränder nur in der oberen Mitte zusammendrücken.

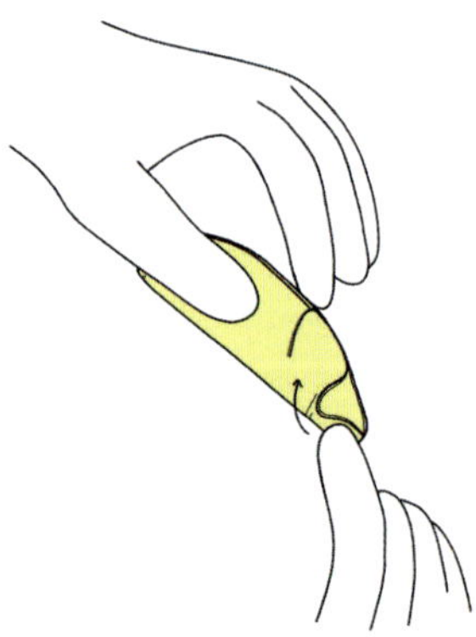

3. An jeder Seite zwei Falten in den Teig legen und die Teigränder fest zusammendrücken.

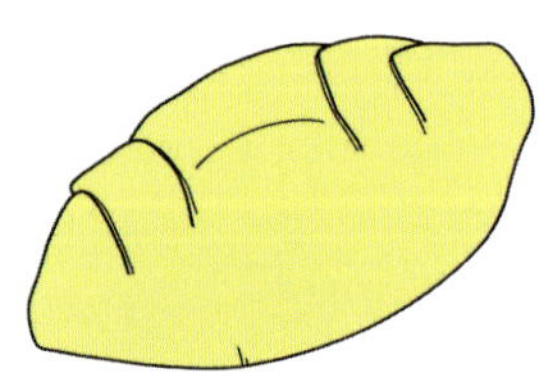

✳✳✳ BÁNH BAO ✳✳✳

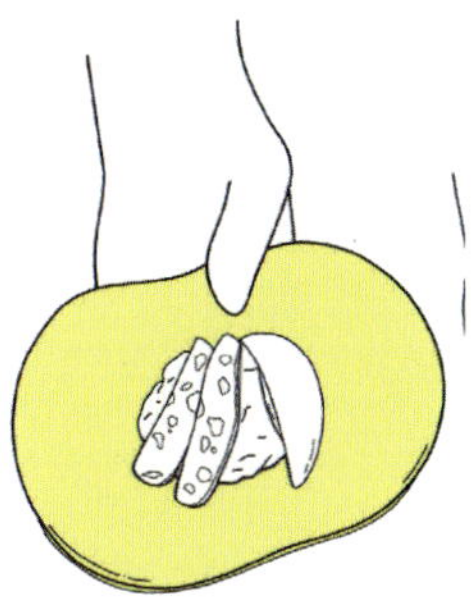

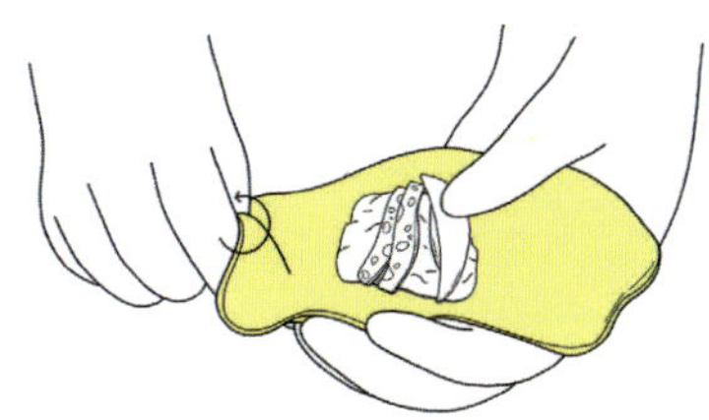

1. Eine Kugel Füllung in die Mitte eines runden Teigblatts geben. Daneben ein Stück Ei und zwei Scheiben chinesische Wurst legen.

2. Die Füllung mit dem Daumen festhalten. Den Teigrand mit Daumen und Zeigefinger der anderen Hand erfassen und leicht hochziehen. Das Teigblatt um 90° drehen.

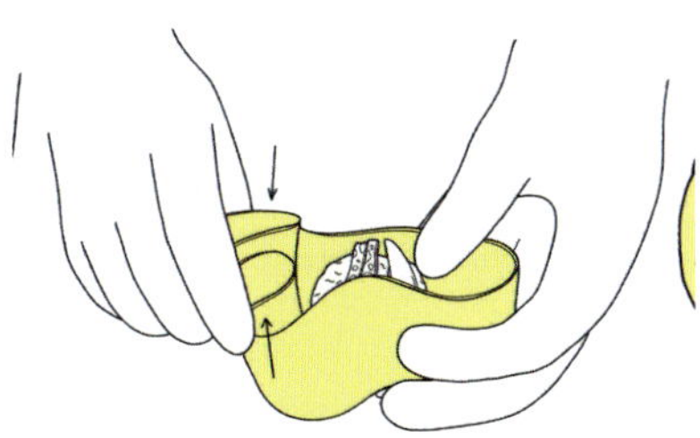

3. Den Teigrand so mit dem Zeigefinger zum Daumen führen, dass eine Falte entsteht. Fest zusammendrücken. Wieder um 90° drehen. Rundherum wiederholen.

4. Die oberen Ränder zusammendrücken und zusammendrehen.

VORSPEISEN

China

FRITTIERTE TEIGTASCHEN

ERGIBT
✳ **30 STÜCK** ✳

VORBEREITUNG: 1 STD.
WARTEZEIT: 15 MIN.
GARZEIT: 5–6 MIN. PRO PORTION

- 350 g Schweinehackfleisch
- 2 Frühlingszwiebeln
- 2 EL helle Sojasauce
- 1 EL Austernsauce
- 1 EL Sesamöl
- 1 cm frischer Ingwer
- Pfeffer
- 30 Wantan-Blätter
- Öl zum Frittieren

1. Das Schweinehackfleisch in eine Schüssel geben. Gehackte Frühlingszwiebeln, helle Sojasauce, Austernsauce, Sesamöl, geriebenen Ingwer und Pfeffer hinzufügen und alles 3–5 Minuten miteinander verkneten. Mindestens 15 Minuten kühl stellen.
2. Ein Teigblatt mit einer Spitze nach oben auf die Arbeitsfläche legen, 1 gehäuften Teelöffel Füllung in die Mitte geben, die untere Spitze auf die obere Spitze falten, sodass ein Dreieck entsteht. Die schrägen Kanten in Falten legen und zusammendrücken.
3. Öl zum Frittieren auf 160 °C erhitzen. Die Teigtaschen darin in mehreren Portionen 5–6 Minuten frittieren, dabei ab und zu wenden. Mit einem Schaumlöffel aus dem Öl nehmen und auf Küchenpapier abtropfen lassen.

☞ **TIPP**

Serviere dazu zum Dippen eine Cocktailsauce, Sojasauce mit einem Spritzer scharfer Sauce oder eine süßscharfe Sauce.

China

SIU MAI MIT SCHWEINEFLEISCH

ERGIBT
✳ **24 STÜCK** ✳

VORBEREITUNG: 45 MIN.
GARZEIT: 12 MIN.

- 350 g Schweinehackfleisch
- 2 Frühlingszwiebeln
- 6 g getr. Mu-Err-Pilze, 1 Std. in kaltem Wasser eingeweicht
- ½ TL Fünf-Gewürze-Pulver
- 1 TL Sesamöl
- 1 EL Austernsauce
- 1 EL helle Sojasauce
- 1 EL Kartoffelstärke
- Salz, Pfeffer
- 24 Wantan-Blätter
- 24 Erbsen

FÜR DIE SAUCE
- 3 EL helle Sojasauce
- 1 TL dunkle Sojasauce
- einige Tropfen Sesamöl
- scharfe Sauce (nach Belieben)

1. Schweinefleisch, gehackte Frühlingszwiebeln, abgetropfte, gehackte Pilze, Fünf-Gewürze-Pulver, Sesamöl, Austernsauce, helle Sojasauce, Kartoffelstärke, Salz und Pfeffer in eine Schüssel geben. Alles 7–8 Minuten vermengen, bis eine homogene, klebrige Masse entsteht.
2. Die Ecken von den Teigblättern abschneiden, um Kreise zu erhalten. Mit Daumen und Zeigefinger ein»O« formen. Ein Teigblatt darüberlegen und 1 gehäuften Teelöffel Füllung in die Mitte setzen. Füllung und Teig mit einem Löffel hinabdrücken, sodass eine Beutelform entsteht. Den oberen Rand mit den Fingern etwas, aber nicht komplett zusammendrücken. Eine Erbse oben auflegen. Die Teigtaschen in einen Dampfkorb setzen.
3. Die Siu Mai 12 Minuten im Dampf garen.
4. Für die Dipsauce alle Zutaten miteinander verrühren.

Japan

GYOZA

ERGIBT
24 STÜCK

VORBEREITUNG: 1 STD.
WARTEZEIT: 30 MIN.
GARZEIT: 8 MIN.

- 300 g Mehl
- 2 Frühlingszwiebeln
- 1 Knoblauchzehe
- 2 Scheibchen Ingwer, 1 mm dick
- 4 Blätter Weißkohl
- 250 g Schweinehackfleisch
- 2½ EL helle Sojasauce
- 1 EL Sesamöl
- Bratöl
- Salz, Pfeffer

FÜR DIE SAUCE

- 6 EL helle Sojasauce
- 1 TL Sesamöl

1. Für den Teig das Mehl mit 1 Prise Salz in eine Schüssel geben. 150 ml Wasser zugießen, den Teig 15 Minuten kneten, dann zu einer Kugel formen. Mit Frischhaltefolie abgedeckt 30 Minuten ruhen lassen.
2. Frühlingszwiebeln, Knoblauch und Ingwer fein hacken. Die Kohlblätter grob hacken. Das Hackfleisch mit Frühlingszwiebeln, Knoblauch, Ingwer und Kohl in eine Schüssel geben. Mit Sojasauce, Sesamöl, Salz und Pfeffer würzen. Gut vermengen und in den Kühlschrank stellen.
3. Den Teig nach der Ruhezeit erneut 2 Minuten kneten, damit er glatt wird. Etwas Mehl auf die Arbeitsfläche streuen und darauf aus dem Teig 2 Stränge mit ⌀ 1½ cm formen. Aus jedem Strang 12 etwa 1½ cm dicke Scheiben schneiden und jede mit der Handfläche leicht flach drücken. Die Teigportionen zu Kreisen ausrollen (⌀ 10 cm, 1 mm dick).
4. 1 TL Fleischfüllung in die Mitte jeder Teigscheibe geben, zu einem Halbmond falten, den Rand in der Mitte zusammendrücken, dann auf jeder Seite 2 Falten legen und die Kanten fest zusammendrücken.
5. Öl in einer Pfanne auf mittlerer Stufe erhitzen. Die Gyoza mit der Verschlusskante nach oben hineinlegen. Den Boden goldbraun braten, dann 100–150 ml Wasser zufügen. Die Gyoza zugedeckt köcheln, bis das Wasser verdampft oder aufgesogen ist.
6. Für die Sauce die Zutaten miteinander verrühren.

Siu Mai mit Schweinefleisch

Gyoza

China

JIAOZI

ERGIBT
24 STÜCK

VORBEREITUNG: 1 STD.
WARTEZEIT: 30 MIN.
GARZEIT: 8 MIN.

FÜR DEN TEIG
- 300 g Mehl
- Salz

FÜR DIE FÜLLUNG
- 2 Frühlingszwiebeln
- 7 Scheibchen Ingwer, 1 mm dick
- 3 Blätter Chinakohl
- 250 g Schweinehackfleisch
- 1½ EL helle Sojasauce
- 1 EL Austernsauce
- 1 EL Sesamöl
- ½ TL Fünf-Gewürze-Pulver
- Salz, Pfeffer

FÜR DIE SAUCE
- 6 EL helle Sojasauce
- 1 EL schwarzer Essig
- 3 Scheibchen Ingwer, 1 mm dick

1. Für den Teig das Mehl mit 1 Prise Salz in eine Schüssel geben. 150 ml Wasser zugießen und 5 Minuten kneten. Den Teig zu einer Kugel formen, mit einem Stück Frischhaltefolie abdecken und 30 Minuten ruhen lassen.

2. Für die Füllung Frühlingszwiebeln und Ingwer fein hacken, den Chinakohl in Stücke schneiden. Das Schweinehackfleisch mit Frühlingszwiebeln, Ingwer und Chinakohl in eine Schüssel geben. Salzen und pfeffern, dann Sojasauce, Austernsauce, Sesamöl und Fünf-Gewürze-Pulver zufügen. Alles gut vermengen und in den Kühlschrank stellen.

3. Den Teig nach der Ruhezeit erneut 2 Minuten kneten, damit er glatt wird. Etwas Mehl auf die Arbeitsfläche streuen. Den Teig darauf zu 2 Strängen von 1½ cm formen. Aus jedem Strang 12 etwa 1½ cm dicke Scheiben schneiden. Diese mit der Handfläche leicht flach drücken, dann zu Kreisen ausrollen (Ø 10 cm, 1 mm dick).

4. 1 TL Füllung in die Mitte jeder Teigscheibe geben, zu einem Halbmond falten und die Ränder zwischen Daumen und Zeigefinger fest zusammendrücken.

5. Garen in Wasser: Wasser in einem Topf zum Kochen bringen. Die Jiaozi hineingleiten lassen und darauf achten, dass sie nicht zusammenkleben. Zum Kochen bringen, 30 Sekunden warten, dann ½ Glas kaltes Wasser zugießen. Den Vorgang zweimal wiederholen, dann die Jiaozi aus dem Wasser heben.

6. Zubereitung in der Pfanne: Eine beschichtete Pfanne gut einölen und auf mittlerer Stufe erhitzen. Die Jiaozi hineinlegen. 150 ml Wasser mit ½ EL Mehl verrühren und in die Pfanne gießen. Mit Deckel köcheln lassen, bis die Flüssigkeit verdampft oder aufgesogen ist und die Kruste goldbraun ist.

7. Für die Sauce Sojasauce, schwarzen Essig und in dünne Streifen geschnittenen Ingwer verrühren.

China

GARNELEN IM BACKTEIG

ERGIBT
20 STÜCK

VORBEREITUNG: 15 MIN.
GARZEIT: 5 MIN.
WARTEZEIT: 20 MIN.

- 20 rohe Garnelen
- Öl zum Frittieren
- Salz

FÜR DEN TEIG
- 100 g Mehl
- 1 gehäufter TL Backpulver
- 1 Prise Salz
- ½ EL Öl

1. Für den Teig Mehl, Backpulver, Salz und 120 ml Wasser in einer Schüssel 2 Minuten verquirlen, dann das Öl unterrühren. 20 Minuten ruhen lassen.
2. Die Garnelen schälen (den Schwanz dranlassen) und den Darm entfernen. Die Garnelen mit Küchenpapier abtrocknen, dann mit Salz bestreuen.
3. Das Frittieröl auf 160 °C erhitzen. Die Garnelen im Teig wenden, etwas abtropfen lassen und in das Öl geben. Regelmäßig wenden und aus dem Öl nehmen, sobald sie goldbraun sind.

☞ TIPP

Nicht zu viele Garnelen auf einmal frittieren, sonst sinkt die Temperatur des Öls zu stark ab.

Japan

TEMPURA MIT GARNELEN
UND GEMÜSE

FÜR
4 PERSONEN

VORBEREITUNG: 30 MIN.
GARZEIT: 3–4 MIN. PRO PORTION

- 12 rohe Garnelen
- 1 Aubergine
- 2 Kartoffeln
- 2 Karotten
- 1 Zwiebel
- 8 Sellerieblätter
- 2 EL Mehl
- Öl zum Frittieren

FÜR DEN TEIG
- 1 Ei
- 300 ml eiskaltes Mineralwasser mit Kohlensäure
- 200 g Mehl
- 1 Prise Salz

1. Die Garnelen schälen, aber den Schwanz dranlassen. Den Darm entfernen, den Bauch einschneiden und die Rückenseite etwas flach drücken. So werden die Garnelen etwas länger und bleiben beim Garen gerade.
2. Aubergine und Kartoffeln in 2–3 mm und die Karotten schräg in 2–3 mm dicke Scheiben schneiden. Die Zwiebel in Ringe schneiden und die Sellerieblätter abspülen.
3. Für den Teig das Ei mit etwas Mineralwasser in einer Schüssel verquirlen. Das Mehl, 1 Prise Salz und das restliche Mineralwasser zugeben und alles nur grob verrühren. Der Teig soll etwas klumpig sein.
4. Das Frittieröl auf 180 °C erhitzen. Garnelen und Gemüse in dem Mehl wälzen, in den Teig tauchen und portionsweise jeweils 3–4 Minuten frittieren.

☞ TIPP

Reiche zu Tempura Sojasauce.

Viêtnam

NEMS

ERGIBT
90 STÜCK

VORBEREITUNG: 1 STD.
GARZEIT: 10 MIN.

- 3 Zwiebeln
- 3 Karotten
- 200 g Soja-Vermicelli (1 Std. in kaltem Wasser eingeweicht)
- 25 g getrocknete Mu-Err-Pilze (1 Std. in kaltem Wasser eingeweicht)
- 400 g Sojasprossen
- 700 g Schweinehackfleisch
- 1 TL Salz
- ½ TL Pfeffer
- ½ EL Fünf-Gewürze-Pulver
- 3 EL Sesamöl
- 2 Eier
- 90 Reisblätter, ø 18 cm
- Öl zum Frittieren

FÜR DIE SAUCE
- 5 EL Zucker
- 8 EL Fischsauce
- 2 EL weißer Essig
- 1 EL geraspelte Karotte
- 2 Knoblauchzehen
- frischer Chili (nach Belieben)

1. Die Zwiebeln hacken. Die Karotten raspeln (1 EL für die Sauce zur Seite legen). Die Nudeln abtropfen lassen und klein schneiden. Die eingeweichten Pilze grob hacken. Alles in eine große Schüssel geben. Sojasprossen, Schweinehackfleisch, Salz, Pfeffer, Fünf-Gewürze-Pulver, Sesamöl und Eier zugeben und alles zu einer homogenen Masse vermengen.
2. Ein Reisblatt 3–5 Sekunden in lauwarmes Wasser tauchen, kurz abtropfen lassen und mit der rauen Seite nach oben auf ein leicht feuchtes Geschirrtuch legen. 1 EL Füllung mittig 2 cm über dem unteren Rand daraufgeben. Zuerst die linke Kante des Reisblatts über die Füllung falten, dann die rechte. Das Reisblatt von unten nach oben fest aufrollen.
3. Zum Vorgaren das Frittieröl auf 160 °C erhitzen. Jeweils nur einige Röllchen hineingeben, damit die Temperatur nicht zu stark absinkt. 6–8 Minuten frittieren, dabei nicht berühren. Abtropfen und abkühlen lassen. Nach diesem Schritt kannst du die Frühlingsrollen eine Woche lang im Kühlschrank aufbewahren oder einfrieren.
4. Kurz vor dem Servieren die Röllchen in 180 °C heißem Öl nochmals 2–3 Minuten frittieren.
5. Für die Sauce 400 ml Wasser, Zucker, Fischsauce und Essig in einem Topf 2 Minuten köcheln lassen. Vom Herd nehmen. Geraspelte Karotte, zerdrückten Knoblauch und nach Belieben Chili hinzufügen.

TIPP

Die Nems mit Salatblättern und Minze servieren.

China

CHINESISCHER SALAT
MIT HÄHNCHEN

FÜR
4 PERSONEN

VORBEREITUNG: 15 MIN.
GARZEIT: 15 MIN.

- 400 g Hähnchenbrustfilet
- 1 große Karotte
- 1 Kopf Salat (Batavia oder Kopfsalat)
- 120 g Sojasprossen

FÜR DAS DRESSING
- 1 EL Senf
- 1 EL Zucker
- 1½ EL Reisessig oder weißer Essig
- 150 ml Bratöl
- 3 EL helle Sojasauce
- 1 TL Sesamöl
- Salz, Pfeffer

1. Das Hähnchenbrustfilet 15 Minuten in kochendem Wasser mit etwas Salz garen. Abkühlen lassen und zerpflücken.
2. Die Karotte in Streifen schneiden und in eine Schüssel geben. Große Salatblätter klein schneiden, kleine ganz lassen. Mit den Sojasprossen in die Schüssel geben.
3. Für das Dressing Senf, Zucker und Reisessig in eine Salatschüssel geben. Pfeffern und leicht salzen. Mit einem Schneebesen verrühren und dabei das Öl nach und nach zugießen. Dann die Sojasauce und das Sesamöl einrühren.
4. Das Hähnchenfleisch mit der Salatmischung und dem Dressing mischen.

Laos

RINDFLEISCHSALAT

FÜR
4 PERSONEN

VORBEREITUNG: 30 MIN.
WARTEZEIT: 1 STD.
GARZEIT: 4 MIN.

- 600 g Rumpsteak
- 4 EL helle Sojasauce
- 3 EL ungekochter Klebreis
- 15 Stängel Koriander
- 2 Frühlingszwiebeln
- 2 Schalotten
- 6 Stängel Minze
- Bratöl
- 1½ EL Zucker
- 1 EL Chiliflocken
- 4 EL Fischsauce
- Saft von 1 Limette
- Pfeffer

1. Das Rindfleisch (am Stück) in eine Schüssel geben, pfeffern, die Sojasauce hinzufügen, gut mischen und 1 Stunde marinieren.
2. Den Klebreis in einer Pfanne rösten, dann zu Pulver mörsern.
3. Koriander, Frühlingszwiebeln und Schalotten hacken. Die Minze zupfen (die kleineren Blätter ganz lassen, die größeren zerreißen). Zur Seite stellen.
4. Das marinierte Fleisch abtropfen lassen und in einer Pfanne mit etwas Öl von jeder Seite 2 Minuten braten. Es soll innen noch blutig sein. Vom Herd nehmen und 5 Minuten ruhen lassen.
5. Das Fleisch in dünne Scheiben schneiden und in eine Schüssel geben. Zucker, Chiliflocken, Fischsauce und Limettensaft dazugeben. Gut verrühren, dann den gemahlenen gerösteten Reis hinzufügen und erneut verrühren. Mit allen übrigen Zutaten vermengen und bei Bedarf nachwürzen.

Vietnam

VIETNAMESISCHE SOMMERROLLEN

ERGIBT
✶ 8 STÜCK ✶

VORBEREITUNG: 30 MIN.
GARZEIT: 20 MIN.

- 1 Karotte
- ½ Salatgurke
- 50 g Reisnudeln
- 250 g Hähnchenbrustfilet
- 8 Reisblätter, ø 22 cm
- 8 Salatblätter
- 8 Stängel Koriander
- 8 Stängel Minze
- 1 Handvoll Sojasprossen
- 16 entdarmte, gegarte Garnelen

FÜR DIE SAUCE
- 5 EL Zucker
- 6 EL Fischsauce
- 1 EL weißer Essig
- 1 Knoblauchzehe
- ½ TL Chilipaste (nach Belieben)

1. Karotte und Gurke in dünne, lange Stifte schneiden. Die Nudeln gemäß Packungsanweisung garen, dann sofort mit kaltem Wasser abschrecken und abtropfen lassen.
2. Das Hähnchenbrustfilet 15 Minuten in kochendem Wasser garen, abkühlen lassen und dann zerzupfen.
3. Ein Reisblatt 3–5 Sekunden in lauwarmes Wasser tauchen, kurz abtropfen lassen und mit der rauen Seite nach oben auf ein angefeuchtetes Geschirrtuch legen. Mittig mit 4 cm Abstand zum unteren Rand ein Salatblatt darauflegen. Darauf Karotte, Gurke, je 1 Stängel Koriander und Minze, Sojasprossen, Reisnudeln und Hähnchenfleisch geben. Zuoberst 2 Garnelen legen. Nun zuerst die linke Kante des Reisblatts über die Füllung klappen, dann die rechte. Das Reisblatt fest aufrollen, zum Schluss den Rand vorsichtig andrücken.
4. Für die Sauce 200 ml Wasser, Zucker, Fischsauce und Essig in einem Topf 2 Minuten köcheln lassen. Vom Herd nehmen, gehackten Knoblauch und Chilipaste (falls verwendet) unterrühren.

☞ TIPP
Für eine vegetarische Version lässt du Hähnchenfleisch und Garnelen einfach weg oder nimmst stattdessen gebratene Tofustäbchen.

China

PEKING-SUPPE

FÜR
4 PERSONEN

VORBEREITUNG: 20 MIN.
GARZEIT: 20 MIN.

- 150 g Hähnchenschnitzel
- 8 g getrocknete Mu-Err-Pilze (1 Std. in kaltem Wasser eingeweicht)
- 5 getrocknete Shiitake (mit heißem Wasser übergossen und mindestens 2 Std. eingeweicht)
- 50 g Bambussprossen
- 1 Frühlingszwiebel
- 2 EL Kartoffelstärke
- 1½ l Hühnerbrühe
- 1 EL dunkle Sojasauce
- 4 EL helle Sojasauce
- 2 EL weißer Essig
- 1 TL Chilipaste
- 1 Ei
- 1 EL Sesamöl
- Pfeffer

1. Das Fleisch 15 Minuten in kochendem Wasser garen, abkühlen lassen und in mundgerechte Stücke zupfen.
2. Abgetropfte Pilze und Bambussprossen in feine Streifen schneiden. Die Frühlingszwiebel hacken. Die Speisestärke mit 100 ml Wasser verrühren und zur Seite stellen.
3. Die Brühe in einen Topf geben, Pilze, Bambus und Hähnchen hinzufügen. Mit dunkler und heller Sojasauce, Essig, Chilipaste und Pfeffer würzen, umrühren und zum Kochen bringen. 5 Minuten köcheln lassen, dann mit der angerührten Speisestärke andicken. Vom Herd nehmen. Das Ei verquirlen und unter Rühren langsam in die Suppe gießen. Das Sesamöl hinzufügen.
4. In Servierschalen füllen und mit gehackter Frühlingszwiebel bestreuen.

Thailand

TOM KHA KAI

FÜR
✶ **4 PERSONEN** ✶

VORBEREITUNG: 30 MIN.
GARZEIT: 10 MIN.

- 2 Stängel Zitronengras
- 2 frische Chilis
- 6 Kaffir-Limettenblätter
- 120 g frische Austernpilze
- 400 g Hähnchenkeulenfleisch (ohne Knochen)
- 600 ml Hühnerbrühe oder Wasser
- 6 Scheibchen Galgant oder Ingwer, 1 mm dick
- 400 ml Kokosmilch
- 1 EL Zucker
- 2 EL Fischsauce
- 1–2 EL Nam Prik Pao (thailändische Chilipaste)
- Saft von 1 Limette
- 1 Frühlingszwiebel
- 10 Stängel Koriander

1. Die Wurzelenden und die beiden äußeren Blätter vom Zitronengras entfernen. Die Stängel zerdrücken und in 3 cm lange Stücke schneiden. Die Chilis längs halbieren. Die Kaffir-Limettenblätter in 2 Stücke reißen. Austernpilze und Hähnchenfleisch in mundgerechte Stücke schneiden.
2. Die Brühe mit Zitronengras, Kaffir-Limettenblättern und Galgant in einen Topf geben. Zum Kochen bringen, das Fleisch zugeben und 5 Minuten kochen lassen. Bei Bedarf den Schaum abschöpfen. Kokosmilch und Austernpilze unterrühren, wieder aufkochen. Mit Zucker, Fischsauce und Nam Prik Pao würzen. 5 Minuten köcheln lassen, dann den Limettensaft hinzufügen.
3. In Servierschalen füllen. Jede mit ½ Chilischote, Frühlingszwiebel und gehacktem Koriander garnieren.

Japan

MISOSUPPE

FÜR
✶ **4 PERSONEN** ✶

VORBEREITUNG: 20 MIN.
GARZEIT: 10 MIN.

- 1 EL getrocknete Wakame
- 500 g schnittfester Tofu
- 15 g Kombu (mindestens 1½ Std. in Wasser eingeweicht)
- 40 g Katsuobushi (Bonitoflocken)
- 1 großzügiger EL helle Misopaste
- 1 Frühlingszwiebel

1. Die Wakame in kaltes Wasser legen. Den Tofu in Würfel schneiden.
2. Für die Dashi (Brühe) den Kombu mit dem Einweichwasser in einem Topf auf mittlerer Stufe erhitzen. Kurz vor Erreichen des Siedepunkts vom Herd nehmen – nicht aufkochen! Den Kombu herausnehmen. Den Katsuobushi ins Wasser geben, 10 Minuten bei schwacher Hitze ziehen lassen, dann in eine Schüssel abseihen.
3. Die Wakame abtropfen lassen. Die Dashi in einen Topf geben und auf mittlerer Stufe erhitzen. Die Misopaste darin auflösen, Wakame und Tofuwürfel zugeben und gut verrühren.
4. Die Suppe 5 Minuten erhitzen. Nicht kochen, das verändert und schwächt den Geschmack von Miso. Mit gehackter Frühlingszwiebel bestreuen und servieren.

TIPP
Schneller geht es mit gekauftem Dashi-Granulat.

FLEISCH

Thailand

GRÜNES HÄHNCHENCURRY

FÜR
4 PERSONEN

VORBEREITUNG: 10 MIN.
GARZEIT: 15–20 MIN.

- 6 kleine Thai-Auberginen oder 1 Zucchini
- 5 Stängel Thai-Basilikum
- 600 g Hähnchenbrustfilet
- 2 EL Bratöl
- 1 EL grüne Currypaste
- 400 ml Kokosmilch
- 200 ml Hühnerbrühe
- 3 EL Fischsauce
- 1 EL Zucker

1. Die Auberginen in Viertel schneiden. Die Blätter des Thai-Basilikums abzupfen. Das Fleisch in mundgerechte Stücke schneiden.
2. Das Öl in einem Topf auf mittlerer Stufe erhitzen. Die Currypaste darin 30 Sekunden anbraten, dann das Hähnchen dazugeben. 5 Minuten braten, dann Kokosmilch und Hühnerbrühe zugießen. Mit Fischsauce und Zucker würzen und alles gut verrühren. Zum Kochen bringen, die Auberginen hinzufügen und ca. 10 Minuten köcheln lassen.
3. Zum Schluss die Thai-Basilikumblätter zugeben und noch einmal umrühren.

TIPP
Serviere das Curry mit Duftreis.

Laos

LAAB GAI

FÜR
✳ 4 PERSONEN ✳

VORBEREITUNG: 20 MIN.
GARZEIT: 13 MIN.

- 600 g Hähnchenbrustfilet
- 2 EL ungekochter Klebreis
- 5 Stängel Minze
- 7 Stängel Koriander
- 1 Frühlingszwiebel
- 1 frischer Chili
- 2 Schalotten
- 1 TL Chiliflocken
- 1 EL Zucker
- 3 EL Fischsauce
- Saft von 1 Limette

1. Das Hähnchenbrustfilet grob hacken oder in der Küchenmaschine zerkleinern. In einer Pfanne mit 50 ml Wasser 8 Minuten garen, dann zur Seite stellen.
2. Den Klebreis 5 Minuten in einer Pfanne ohne Fett rösten, dann zu Pulver mörsern.
3. Die Minzeblätter und den Koriander zerkleinern. Frühlingszwiebel, Chili und Schalotten hacken. Alles in eine Schüssel geben. Hähnchenfleisch, Chiliflocken, Zucker, Klebreis, Fischsauce und Limettensaft zufügen und alles gut vermengen.

TIPP
Genieße das Gericht mit Duftreis oder Klebreis.

China

HÄHNCHEN MIT PILZEN
UND BAMBUSSPROSSEN

FÜR
✳ **4 PERSONEN** ✳

VORBEREITUNG: 20 MIN.
GARZEIT: 10 MIN.

- 500 g Hähnchenbrustfilet
- 2 Knoblauchzehen
- 5 Scheibchen Ingwer, 1 mm dick
- ½ Zwiebel
- 100 g Bambussprossen
- 8 g getrocknete Mu-Err-Pilze (1 Std. in kaltem Wasser eingeweicht)
- 1 Frühlingszwiebel
- 2 EL Bratöl
- 1 EL Sesamöl

FÜR DEN KOCHSUD
- 4 EL helle Sojasauce
- 2 EL Austernsauce
- 1 TL Zucker
- 1 TL Kartoffelstärke
- Salz, Pfeffer

1. Das Hähnchenfleisch in Streifen schneiden, den Knoblauch hacken, den Ingwer in feine Stifte, die Zwiebel in Ringe und die Bambussprossen in 2 mm dicke Scheiben schneiden. Die Pilze abtropfen lassen und halbieren und die Frühlingszwiebel in Ringe schneiden.
2. Für den Kochsud 150 ml Wasser mit Sojasauce, Austernsauce, Zucker, Speisestärke, Salz und Pfeffer verrühren.
3. Das Öl bei mittlerer Hitze in einer Pfanne erhitzen. Knoblauch, Ingwer und Zwiebel 10 Sekunden anbraten. Das Fleisch zugeben und 5 Minuten braten. Bambus, Pilze und den gesamten Kochsud hinzufügen. Alles gut verrühren, zudecken und 5 Minuten köcheln lassen. Mit dem Sesamöl beträufeln.
4. Auf einer Platte anrichten und mit Frühlingszwiebeln bestreuen.

☞ **TIPP**
Serviere das Gericht mit Duftreis.

China

HÄHNCHEN SÜSSSAUER

FÜR
✳ **4 PERSONEN** ✳

VORBEREITUNG: 30 MIN.
GARZEIT: 12 MIN.

- 1 Zwiebel
- 600 g Hähnchenbrustfilet
- 1 rote Paprikaschote
- 70 g Mehl
- 15 g Kartoffelstärke
- Öl zum Frittieren
- 3 EL Bratöl
- Salz, Pfeffer

FÜR DEN KOCHSUD
- 6 EL Ketchup
- 2 EL Zucker
- 1 EL weißer Essig
- 4 EL helle Sojasauce

1. Die Zwiebel in 1 cm große Würfel, Hähnchenfleisch und Paprika in 2 cm große Würfel schneiden. Das Fleisch salzen und pfeffern. Zur Seite stellen.
2. Für den Kochsud Ketchup, Zucker, Essig, Sojasauce und 150 ml Wasser in einer Schüssel verrühren, dann zur Seite stellen.
3. Mehl und Speisestärke in eine Schüssel geben, 120 ml Wasser zugießen und alles gut verrühren. Die Hähnchenstücke in der Mischung wenden.
4. Das Frittieröl auf 180 °C erhitzen. Die Hähnchenstücke 5 Minuten darin frittieren. Herausnehmen und 5 Minuten ruhen lassen. Dann erneut frittieren, bis sie goldbraun sind. Auf Küchenpapier abtropfen lassen.
5. Das Öl in eine Pfanne geben. Zwiebel und Paprika 30 Sekunden darin anbraten, den Kochsud hinzufügen und 10 Sekunden unter Rühren aufkochen. Die Fleischstücke zugeben und rühren, bis sie rundum mit der Sauce überzogen sind.

☞ **TIPP**

Serviere dieses Gericht mit Duftreis. Du kannst statt Hähnchenfleisch auch Garnelen oder Schweinefleisch verwenden.

Japan

HÄHNCHEN-TERIYAKI

FÜR
4 PERSONEN

VORBEREITUNG: 10 MIN.
GARZEIT: 15 MIN.

- 1 Stück Ingwer, 3 cm dick
- 1 große Knoblauchzehe
- 1 EL Bratöl
- 4 Hähnchenbrustfilets

FÜR DIE SAUCE
- 4 EL Zucker
- 8 EL helle Sojasauce
- 8 EL Sake
- 8 EL Mirin

1. Ingwer schälen und in feine Streifen schneiden. Die Knoblauchzehe zerdrücken.
2. Für die Sauce alle Zutaten in einer Schüssel verrühren, bis sich der Zucker aufgelöst hat. Zur Seite stellen.
3. Das Öl in einer Pfanne auf mittlerer Stufe erhitzen. Die Hähnchenbrustfilets darin auf jeder Seite 4 Minuten braten. Die Sauce angießen, Ingwer und Knoblauch hinzufügen, zum Kochen bringen und die Sauce auf die Hälfte einkochen lassen, dabei das Fleisch gelegentlich wenden.
4. Das Fleisch in Scheiben schneiden, auf einen Teller legen und mit der Sauce übergießen.

TIPP
Serviere das Gericht mit weißem japanischem Reis.

Japan

YAKITORI

FÜR
4 PERSONEN

VORBEREITUNG: 10 MIN.
GARZEIT: 15 MIN.

- 4 Hähnchenbrustfilet
- 12 Holzspieße
- Bratöl
- heller Sesam

FÜR DIE YAKITORI-SAUCE

- 6 EL Sake
- 8 EL Mirin
- 8 EL helle Sojasauce
- 4 EL Zucker

1. Das Hähnchenbrustfilet in Würfel schneiden und je 3 oder 4 Würfel auf einen Spieß stecken.
2. Für die Yakitori-Sauce Sake und Mirin 10 Sekunden lang kochen, Sojasauce und Zucker hinzufügen und erneut aufkochen. Die Hitze auf ein Minimum reduzieren und die Mischung um ein Drittel einkochen lassen. In eine Schüssel umfüllen.
3. Die Spieße 8 Minuten in einer Pfanne mit etwas Öl bei mittlerer Hitze braten, dabei regelmäßig wenden. Sobald das Fleisch gar ist, mit Yakitori-Sauce bestreichen und mit Sesam bestreut servieren.

TIPP

Zu diesem Gericht passt weißer japanischer Reis. Die Yakitori-Sauce kann man auch fertig kaufen.

Japan

HÄHNCHEN-KARAAGE

FÜR
4 PERSONEN

VORBEREITUNG: 15 MIN.
WARTEZEIT: 30 MIN.
GARZEIT: 10 MIN.

- 800 g Hähnchenoberkeulen
- 2 Knoblauchzehen
- 1 Stück Ingwer, 2 cm dick
- 2 EL Zucker
- 3 EL Sake
- 5 EL helle Sojasauce
- 1 EL Sesamöl
- 10 EL Kartoffelstärke
- Öl zum Frittieren
- Salz, Pfeffer

1. Die Hähnchenkeulen entbeinen und das Fleisch in mundgerechte Stücke schneiden. In eine Schüssel geben. Zerdrückten Knoblauch, geriebenen Ingwer, Salz und Pfeffer zugeben, dann Zucker, Sake, Sojasauce und Sesamöl hinzufügen. Alles miteinander vermengen und 30 Minuten marinieren.
2. Die Speisestärke auf einen Teller geben und die Hähnchenteile darin wenden.
3. Das Frittieröl auf 160 °C erhitzen, die Hähnchenteile darin 5 Minuten garen, dann herausnehmen und 5 Minuten ruhen lassen. Das Öl auf 180 °C erhitzen und die Hähnchenteile ein zweites Mal frittieren, damit sie noch knuspriger werden. Aus dem Öl nehmen, sobald sie goldbraun sind.

TIPP

Zitrone und japanische Mayonnaise dazu reichen.

人工栽培でも旬がある

Korea

HÄHNCHEN
MIT GOCHUJANG

FÜR
✶ **4 PERSONEN** ✶

VORBEREITUNG: 20 MIN.
GARZEIT: 10 MIN.

- 1,2 kg Hähnchenflügel
- 1 Frühlingszwiebel
- 2 Knoblauchzehen
- 5 EL Kartoffelstärke
- Öl zum Frittieren
- 1 EL Bratöl
- 2 EL Tomatenmark
- 2 EL Gochujang (koreanische Würzpaste)
- 5 EL helle Sojasauce
- 3 EL Reisessig oder weißer Essig
- 5 EL Honig
- Salz, Pfeffer

1. Die Hähnchenflügel am Gelenk durchtrennen. Salzen und pfeffern, dann in einer Schüssel zur Seite stellen.
2. Frühlingszwiebel und Knoblauch separat hacken.
3. Die Kartoffelstärke über die Hähnchenflügel streuen und gut durchmischen. Frittieröl auf 170 °C erhitzen. Die Hähnchenflügel 8 Minuten darin frittieren, dann auf Küchenpapier abtropfen lassen.
4. Das Öl in einer Pfanne auf mittlerer Stufe erhitzen. Den Knoblauch einige Sekunden darin anbraten. Tomatenmark, Gochujang, Sojasauce, Essig und Honig hinzugeben. Alles gut miteinander verrühren. Die Hähnchenflügel in die Sauce legen und darin wenden.
5. Vor dem Servieren mit gehackten Frühlingszwiebeln bestreuen.

Vietnam

RINDFLEISCH LOC LAC

FÜR
4 PERSONEN

VORBEREITUNG: 30 MIN.
WARTEZEIT: 30 MIN.
GARZEIT: 15 MIN.

- 500 g Fonduefleisch vom Rind
- 5 Knoblauchzehen
- 2 EL Austernsauce
- 2 EL dunkle Sojasauce
- 1 EL Sesamöl
- 1 rote Zwiebel
- 2 EL weißer Essig
- 2 EL Zucker
- 4 Eier
- 6 EL Bratöl
- 2 EL Tomatenmark
- 800 g gekochter weißer Reis (320 g ungekocht)
- einige Gurkenscheiben zum Servieren
- Saft von 2 Limetten
- Salz, Pfeffer

1. Das Rindfleisch in 2–3 cm große Stücke schneiden und in eine Schüssel geben. Den Knoblauch hacken. Austernsauce, dunkle Sojasauce, die Hälfte des Knoblauchs, Sesamöl, Salz und Pfeffer zum Fleisch geben. Gut verrühren und 30 Minuten marinieren.

2. Für die Gemüsebeilage die Zwiebel in Streifen schneiden und in eine Schüssel geben. Den Essig und 1 EL Zucker hinzufügen, gut vermischen und zur Seite stellen.

3. Die Eier mit 1 EL Öl in einer Pfanne zu Spiegeleiern braten. Zur Seite stellen.

4. 4 EL Öl in einer Pfanne auf hoher Stufe erhitzen. Das Fleisch darin scharf anbraten (die Dauer hängt vom gewünschten Gargrad ab). Zur Seite stellen. Die Pfanne nicht auswischen. Den verbliebenen EL Öl in die Pfanne geben. Den restlichen Knoblauch, das Tomatenmark, den Reis und den verbliebenen EL Zucker hineingeben, salzen und pfeffern. Umrühren, bis der Reis gleichmäßig rosa vom Tomatenmark ist. Vom Herd nehmen und zur Seite stellen.

5. Fleisch mit eingelegten Zwiebeln, einigen Gurkenscheiben und Reis anrichten. Auf jede Portion 1 Spiegelei geben. Mit einer Mischung aus Limettensaft, 1 ½ TL Salz und 1 TL Pfeffer beträufeln.

Rindfleisch Loc Lac

Vietnam

BÒ BÚN

FÜR
✳ 4 PERSONEN ✳

VORBEREITUNG: 30 MIN.
WARTEZEIT: 30 MIN.
GARZEIT: 10 MIN.

FÜR DAS FLEISCH
- 400 g Rindfleisch
- 2 Stängel Zitronengras
- 1 große Schalotte oder ½ Zwiebel
- 1 Knoblauchzehe
- 3 EL Austernsauce
- 3 EL Fischsauce
- 3 EL Bratöl

FÜR DIE BEILAGEN
- 350 g Reisnudeln
- 1 Handvoll Erdnusskerne
- 1 kleine Landgurke
- 1 Karotte
- 8–10 Stängel Koriander
- 8 Stängel Minze
- 5–6 Salatblätter
- Sojasprossen

FÜR DIE SAUCE
- 2 EL Zucker
- 3 EL Fischsauce
- 1 EL weißer Essig
- 1 Knoblauchzehe

1. Für die Sauce 200 ml Wasser mit Zucker, Fischsauce und Essig in einem Topf 2 Minuten köcheln lassen. Vom Herd nehmen und den zerdrückten Knoblauch unterrühren. Zur Seite stellen.
2. Das Rindfleisch in schmale Streifen schneiden und in eine Schüssel geben. Zitronengras und Schalotte hacken, den Knoblauch zerdrücken. Zum Fleisch geben. Austernsauce und Fischsauce hinzufügen. Gründlich vermengen und 30 Minuten marinieren.
3. Die Reisnudeln gemäß Packungsangabe garen. Abgießen, abschrecken und beiseite stellen.
4. Die Erdnüsse grob hacken, die Gurke in lange Streifen und die Karotte in Stifte schneiden. Den Koriander grob hacken, die Minze von den Stielen rupfen und die Salatblätter in Stücke zupfen oder schneiden.
5. Das Öl in einer Pfanne stark erhitzen. Das abgetropfte Fleisch darin ca. 3 Minuten anbraten (die Garzeit nach Geschmack anpassen).
6. Die Nudeln in Portionsschalen verteilen. Salat, Sojasprossen, Minze, Koriander, Gurke, Karotte, Rindfleisch, Sauce und Erdnüsse darauf anrichten.

Viêtnam

PHỞ-SUPPE

FÜR
4 PERSONEN

VORBEREITUNG: 40 MIN.
GARZEIT: 2 STD. 10 MIN.

- 1 Stück Ingwer, 7 cm lang
- 2 Zwiebeln
- 1 EL Koriandersamen
- 1 EL Fenchelsamen
- 1 EL schwarze Pfefferkörner
- 1 Zimtstange
- 5 Sternanise
- 300 g Fonduefleisch vom Rind
- 1 Frühlingszwiebel
- 10 Stängel Koriander
- 350 g Rippchen (oder Kotelett mit Knochen)
- 1 Karotte
- 1 EL Salz
- 4 EL Fischsauce
- 16 Rindfleischklößchen (TK-Ware, aus dem Asialaden)
- 400 g Reisbandnudeln (1 Std. in kaltem Wasser eingeweicht)
- 200 g Sojasprossen

1. Den Ingwer längs halbieren. Die Zwiebeln vierteln; ein Viertel beiseite legen. Die restlichen Zwiebeln mit dem Ingwer im Ofen oder in der Pfanne rösten. Koriander- und Fenchelsamen, schwarzen Pfeffer, Zimt und Sternanis leicht anrösten, dann in ein Kräutersäckchen (oder ein großes Teeei) füllen und gut verschließen. Das Fonduefleisch in dünne Scheiben schneiden und in den Kühlschrank stellen. Frühlingszwiebel, Koriander und das beiseite gelegte Zwiebelviertel hacken.
2. 2 ½ l Wasser zum Kochen bringen, die Rippchen darin 10 Minuten köcheln lassen, dabei immer wieder den Schaum abschöpfen. Dann die gerösteten Zwiebeln und den Ingwer, die Karotte und das Kräutersäckchen zugeben. Mit Salz und Fischsauce würzen. 2 Stunden zugedeckt bei schwacher Hitze garen. Die Rippchen und die übrigen Zutaten aus der Brühe nehmen. Wenn die Rippchen abgekühlt sind, das Fleisch vom Knochen lösen und klein schneiden.
3. Die Rindfleischklößchen in die Brühe geben und 10 Minuten köcheln lassen.
4. Die Nudeln kurz in kochendes Wasser legen, abtropfen lassen und in Servierschalen füllen. Sojasprossen, Rindfleisch, Brühe und Fleischklöße hinzufügen. Mit gehackter Zwiebel, Frühlingszwiebel und Koriander garniert servieren.

Vietnam

BÁNH MI MIT RINDFLEISCH

FÜR
4 PERSONEN

VORBEREITUNG: 30 MIN.
WARTEZEIT: 1 STD.
GARZEIT: 3 MIN.

- 3 Karotten
- 1 Mairübe
- 1 EL Zucker
- 1 TL Salz
- 2 EL weißer Essig
- ½ Salatgurke
- 3 oder 4 Chilis
- ½ Zwiebel
- 2 EL Bratöl
- 4 große Baguettebrötchen
- 4 EL Mayonnaise
- 20 Stängel Koriander
- Maggi® oder helle Sojasauce
- Pfeffer

FÜR DAS FLEISCH
- 400 g Rindfleisch
- 1 Knoblauchzehe
- 2 Stängel Zitronengras
- 3 EL Fischsauce
- 1 EL dunkle Sojasauce
- 1 EL Zucker

1. Das Rindfleisch in 2 mm dicke Scheiben schneiden und in eine Schüssel geben. Den Knoblauch zerdrücken, das Zitronengras hacken. Beides zum Fleisch geben. Fischsauce, dunkle Sojasauce und Zucker hinzufügen. Alles gut mischen und mindestens 1 Stunde marinieren.
2. Karotten und Rübe in 5–7 cm lange Stifte schneiden und in eine Schüssel geben. Zucker, das Salz und den Essig hinzufügen. Gut verrühren und mindestens 30 Minuten beiseite stellen.
3. Die Gurke in 3 mm dicke Scheiben schneiden. Chilis und Zwiebel hacken.
4. Das Öl in einer Pfanne erhitzen und das abgetropfte Fleisch und die Zwiebel je nach gewünschtem Gargrad etwa 2 Minuten braten. Zur Seite stellen.
5. Die Baguettebrötchen aufschneiden und die Oberteile etwas aushöhlen. Die unteren Hälften mit Mayonnaise bestreichen, dann mit Gurke, Rindfleisch, Karotten, Rüben, Chili und Koriander belegen. Pfeffern und mit etwas Maggi® beträufeln. Die oberen Hälften auflegen und servieren.

Thailand

RINDFLEISCHSPIESSE
MIT ZITRONENGRAS

FÜR
4 PERSONEN

VORBEREITUNG: 30 MIN.
WARTEZEIT: 30 MIN.
GARZEIT: 2 MIN.

- 800 g Rindfleisch
- 2 EL Zucker
- 20 Stängel Koriander
- 3 Stängel Zitronengras
- 5 Knoblauchzehen
- 1 TL schwarze Pfefferkörner
- 2 EL Fischsauce
- 1 EL dunkle Sojasauce
- 3 EL Austernsauce
- Holzspieße
- Bratöl

1. Das Rindfleisch in 5 mm dicke Scheiben schneiden und in eine Schüssel legen.
2. Etwas Zucker, Koriander, Zitronengras, gehackten Knoblauch und Pfeffer in einen Mörser oder Mixer geben und zu einer Paste verarbeiten. Zum Fleisch geben. Die Fischsauce, den restlichen Zucker, die Sojasauce und die Austernsauce hinzufügen, alles gut vermengen und 30 Minuten im Kühlschrank marinieren.
3. Die Fleischstücke auf die Spieße stecken.
4. Etwas Öl in einer Pfanne erhitzen und die Spieße bei starker Hitze auf jeder Seite etwa 1 Minute braten.

TIPP

Die Spieße können natürlich auch auf dem Grill zubereitet werden.

China

RINDFLEISCH MIT ZWIEBELN

FÜR
✳ **4 PERSONEN** ✳

VORBEREITUNG: 15 MIN.
GARZEIT: 5 MIN.

- 600 g Rindfleisch
- 2 Zwiebeln
- 2 Knoblauchzehen
- 3 EL Bratöl
- 1 EL Sesamöl

FÜR DIE SAUCE
- 3 EL helle Sojasauce
- 2 EL dunkle Sojasauce
- 2 EL Austernsauce
- 1 TL Kartoffelstärke
- ½ TL Pfeffer

1. Rindfleisch und Zwiebeln in kleine Stücke schneiden. Den Knoblauch hacken.
2. Für die Sauce alle Zutaten mit 100 ml Wasser verrühren.
3. 1 EL Öl in einer Pfanne auf mittlerer Stufe erhitzen. Das Rindfleisch mit dem Knoblauch ca. 1 Minute anbraten. Auf einen Teller geben und zur Seite stellen. In derselben Pfanne 2 EL Öl erhitzen und die Zwiebeln 2 Minuten darin braten. Rindfleisch und Sauce zugeben und bei starker Hitze 2 Minuten (oder nach gewünschtem Gargrad) schmoren.
4. Vom Herd nehmen und das Sesamöl unterrühren.

TIPP
Dazu passt Duftreis.

LEE KUM KEE

China

CHOP SUEY MIT RINDFLEISCH

FÜR
4 PERSONEN

VORBEREITUNG: 30 MIN.
GARZEIT: 7 MIN.

- 400 g Rindfleisch
- 2 EL Shaoxing-Reiswein
- 1 EL dunkle Sojasauce
- 1 EL Kartoffelstärke
- 1 Karotte
- 60 g Zuckerschoten
- 3 Blätter Chinakohl
- 8 g getrocknete Mu-Err-Pilze (1 Std. in kaltem Wasser eingeweicht)
- ½ Zwiebel
- 2 Knoblauchzehen
- 6 Scheibchen Ingwer, 1 mm dick
- 3 EL Bratöl
- 60 g Sojasprossen
- 1 EL Sesamöl

FÜR DIE SAUCE
- 4 EL helle Sojasauce
- 2 EL Austernsauce
- 1 EL Zucker
- 1 TL Kartoffelstärke
- Pfeffer

1. Das Rindfleisch in dünne Scheiben schneiden, mit Shaoxing-Wein, dunkler Sojasauce und der Speisestärke in eine Schüssel geben, gut verrühren und zum Marinieren zur Seite stellen.

2. Die Karotte in Streifen schneiden. Die Zuckerschoten entstielen und längs halbieren. Die Kohlblätter längs durchschneiden, dann in 1 ½ cm breite Streifen schneiden. Die Pilze grob hacken, Zwiebel und Knoblauch fein hacken, den Ingwer in dünne Stifte schneiden.

3. Für die Sauce alle Zutaten mit 150 ml Wasser verrühren.

4. 1 EL Öl in einer Pfanne erhitzen. Das Rindfleisch 1 Minute anbraten, dann auf einem Teller zur Seite stellen.

5. In derselben Pfanne 2 EL Öl auf mittlerer Stufe erhitzen. Knoblauch und Ingwer darin 10 Sekunden anbraten. Zwiebel, Karotte, Zuckerschoten, Pilze und Chinakohl zugeben und unter ständigem Rühren 1 Minute braten. Die Sauce darübergießen, die Pfanne abdecken und alles 3 Minuten köcheln lassen. Sojasprossen und Rindfleisch zugeben, 2 Minuten unter ständigem Rühren durchwärmen. Mit dem Sesamöl beträufeln und servieren.

Korea

BULGOGI MIT RIND

FÜR
4 PERSONEN

VORBEREITUNG: 20 MIN.
WARTEZEIT: 30 MIN.
GARZEIT: 2 MIN.

- 600 g Rindfleisch
- 2 Zwiebeln
- 1 Frühlingszwiebel
- 1 EL Sesam, geröstet
- 5 Knoblauchzehen
- ½ Nashi-Birne oder 1 Kiwi
- 1 Stück Ingwer, 3 cm dick
- 6 EL helle Sojasauce
- 2 EL Sesamöl
- 2 EL Zucker
- 1 TL Pfeffer
- 3 EL Bratöl

1. Das Fleisch in 2 mm dicke Scheiben schneiden, in eine Schüssel geben. 1 Zwiebel und die Frühlingszwiebel hacken. Zum Fleisch geben und den Sesam zufügen.
2. Die andere Zwiebel mit 1 Knoblauchzehe, klein geschnittener Nashi-Birne, Ingwer, Sojasauce, Sesamöl, Zucker und Pfeffer in einem Mixer pürieren und zum Fleisch geben. Gut verrühren und 30 Minuten im Kühlschrank marinieren.
3. Das Öl in einer Pfanne erhitzen und das Fleisch darin ca. 2 Minuten braten (je nach gewünschter Garstufe).

TIPP
Serviere dieses Gericht mit Duftreis.

Japan

GYUDON

FÜR
4 PERSONEN

VORBEREITUNG: 10 MIN.
GARZEIT: 20 MIN.

- 600 g Rindfleisch
- 1 Frühlingszwiebel
- 2 Zwiebeln
- 3 g Dashi-Granulat
- 4 Eier
- 1 EL Zucker
- 2 EL Mirin
- 4 EL Sake
- 8 EL helle Sojasauce
- 1 EL frisch geriebener Ingwer
- 1 kg gekochter weißer japanischer Reis (350 g ungekocht)
- 4 EL Beni shōga (roter eingelegter Ingwer)

1. Das Rindfleisch würfeln, Frühlingszwiebel und Zwiebeln hacken Zur Seite stellen. Das Dashi-Granulat in 500 ml Wasser auflösen.
2. 1 l Wasser zum Kochen bringen, vom Herd nehmen, 200 ml kaltes Wasser zugießen und die Eier für 12 Minuten hineinlegen. Herausnehmen und abschrecken, damit die Eier weich bleiben.
3. Dashi-Brühe, Zucker, Mirin, Sake und Sojasauce in einer Pfanne auf mittlerer Stufe erhitzen. Den geriebenen Ingwer hinzufügen und zum Kochen bringen. Die Zwiebel zugeben und 4 Minuten kochen lassen, bei Bedarf den Schaum abschöfen. Das Rindfleisch zugeben und weitere 2 Minuten kochen.
4. Den Reis in Schalen anrichten und das Fleisch mit etwas Saft daraufgeben. Die Eier pellen und vorsichtig darauf anrichten. Mit eingelegtem Ingwer und Frühlingszwiebeln garniert servieren.

Vietnam

KARAMELLISIERTES SCHWEINEFLEISCH

FÜR
4 PERSONEN

VORBEREITUNG: 10 MIN.
GARZEIT: 40 MIN.

- 800 g Schweinenacken
- 1 große Schalotte
- 2 Knoblauchzehen
- 1 EL Bratöl
- 5 EL Zucker
- 2 EL Fischsauce
- Salz, Pfeffer

1. Das Fleisch in Würfel schneiden. Schalotte und Knoblauchzehen hacken. Alles in eine Schüssel geben, mit Salz und Pfeffer würzen und gut vermengen.
2. Öl und Zucker in einer Pfanne bei mittlerer Hitze karamellisieren lassen. Das Fleisch darin 4 Minuten garen (es macht nichts, wenn der Karamell hart wird).
3. Mit kochendem Wasser übergießen, bis das Fleisch bedeckt ist. Die Fischsauce zugeben, umrühren, zudecken und 30 Minuten bei schwacher Hitze schmoren. Danach den Deckel abnehmen und die Sauce auf die Hälfte einkochen lassen.

TIPP
Serviere das Gericht mit Duftreis.

China

GEGRILLTE SCHWEINERIPPCHEN

FÜR
✳ **4 PERSONEN** ✳

VORBEREITUNG: 10 MIN.
WARTEZEIT: 1 STD.
GARZEIT: 45 MIN.

- 1 kg Schweinerippchen
- 8 EL Sojasauce
- 2 EL Hoisin-Sauce
- 2 EL Zucker
- 2 EL Honig
- 1 EL Shaoxing-Reiswein
- 1 EL Sesamöl
- 1 TL Fünf-Gewürze-Pulver
- einige Tropfen rote Lebensmittelfarbe (nach Belieben)

1. Die weiße Haut von den Schweinerippchen entfernen. Das Fleisch zwischen den Knochen durchschneiden. Die Einzelrippchen zur Seite stellen.
2. Für die Marinade alle übrigen Zutaten in einer Schüssel gründlich verrühren. Die Rippchen hineinlegen und darin wenden. Mindestens 1 Stunde im Kühlschrank marinieren.
3. Den Backofen auf 180 °C Ober-/Unterhitze vorheizen. Die Rippchen auf einen Rost legen und 45 Minuten im Ofen garen.

☞ **TIPP**
Serviere das Gericht mit Duftreis.

Việtnam

BÁNH BAO

FÜR
✶ **8 BÁNH BAO** ✶

VORBEREITUNG: 1 STD.
WARTEZEIT: 1 STD. 15 MIN.
GARZEIT: 15 MIN.

FÜR DEN TEIG

- 300 g Weizenmehl
- 50 g weißes Reismehl
- 5 g Trockenhefe
- 1 TL Backpulver
- 4 EL Zucker
- 1 große Prise Salz
- 2 EL Bratöl

FÜR DIE FÜLLUNG

- 6 g getrocknete Mu-Err-Pilze (1 Std. in kaltem Wasser eingeweicht)
- 1 Karotte
- 1 Frühlingszwiebel
- 1 Lap Cheong (chinesische Wurst)
- 2 Eier, hart gekocht
- 350 g Schweinehackfleisch
- 1 EL Zucker
- 2 EL Austernsauce
- 3 EL Fischsauce
- Pfeffer

1. Für den Teig alle Zutaten bis auf das Öl in eine Schüssel geben. Nach und nach 180 ml lauwarmes Wasser zugießen und 1 Minute kneten. Dann das Öl hinzugeben und weitere 5 Minuten kneten. Den Teig zu einer Kugel formen, abdecken und 1 Stunde gehen lassen, bis sich das Volumen verdoppelt hat.

2. Für die Füllung Pilze und Karotte in feine Stifte, die Frühlingszwiebel in Ringe schneiden. Die chinesische Wurst in 16 Scheiben (ca. 3 mm dick) schneiden und die Eier vierteln. Die Wurst eventuell 10 Minuten im kochenden Wasser garen.

3. Das Schweinehackfleisch in eine Schüssel geben. Pilze, Karotte und Frühlingszwiebel sowie Zucker, Austernsauce, Fischsauce und Pfeffer zufügen und 5 Minuten zu einer homogenen Masse verarbeiten. Aus der Fleischmasse 8 Kugeln formen und in den Kühlschrank stellen.

4. Den Teig auf einer leicht bemehlten Arbeitsfläche kurz durchkneten, damit Luft entweicht. Zu einem Strang formen und in 8 gleich große Stücke teilen. Die Teigstücke zunächst zu Kugeln formen und dann zu Kreisen mit Ø 10–12 cm ausrollen.

5. Eine Kugel Füllung in die Mitte einer Teigscheibe legen, daneben 2 Scheiben chinesische Wurst und ¼ Ei anordnen. Die Teigränder um die Füllung hochziehen und gut zusammendrücken, um sie zu verschließen (siehe Seite 21).

6. Jede Teigkugel auf ein quadratisches Stück Backpapier legen. Die Teigkugeln (mit Papier) nebeneinander in einen Dampfkorb setzen, abdecken und 15 Minuten ruhen lassen, damit der Teig aufgehen kann. Anschließend 15 Minuten im Dampf garen.

Japan

TONKATSU

FÜR
✶ **4 PERSONEN** ✶

VORBEREITUNG: 15 MIN.
GARZEIT: 8 MIN.

- 8 Blätter Weißkohl
- 8 Kirschtomaten
- 2 Eier
- 4 Schweineschnitzel
- 4 EL Mehl
- 100 g Panko (japanisches Paniermehl)
- Öl zum Frittieren
- Salz, Pfeffer

FÜR DIE SAUCE
- 5 EL Ketchup
- 2 EL Austernsauce
- 2 EL Worcestershiresauce
- 1 EL Zucker

☞ **TIPP**
Dazu passt weißer japanischer Reis.

1. Für die Sauce alle Zutaten in einer Schüssel so lange verrühren, bis sich der Zucker aufgelöst hat. Zur Seite stellen.
2. Die Kohlblätter in feine Streifen schneiden. Die Kirschtomaten halbieren.
3. Die Eier verquirlen. Die Fleischränder in Abständen von 1 cm einschneiden, dann mit einem Messerrücken auf die gesamte Oberfläche des Fleischs klopfen, damit es zarter wird. Salzen und pfeffern, dann zum Panieren nacheinander in Mehl, verquirltem Ei und Panko wenden.
4. Das Frittieröl auf ca. 170 °C erhitzen. Die panierten Fleischstücke vorsichtig hineingeben und 8 Minuten frittieren, nach der Hälfte der Zeit wenden. Auf Küchenpapier legen und 3–4 Minuten ruhen lassen. In Streifen schneiden.
5. Kohl, Kirschtomaten und Fleisch auf Tellern anrichten und das Fleisch mit der Sauce übergießen.

Spécial

Japan

KATSUDON

FÜR
4 PERSONEN

VORBEREITUNG: 20 MIN.
GARZEIT: 15 MIN.

- 6 Eier
- 4 Schweineschnitzel
- 4 EL Mehl
- 100 g Panko (japanisches Paniermehl)
- Öl zum Frittieren
- Bratöl
- 2 Zwiebeln
- 600 ml Hühnerbrühe
- 2 EL Zucker
- 8 EL helle Sojasauce
- 1 kg gekochter japanischer weißer Reis (350 g ungekocht)
- 10 Stängel Schnittlauch
- Salz, Pfeffer

1. Die Eier verquirlen. Die Fleischränder in Abständen von 1 cm einschneiden, dann mit dem Messerrücken auf die gesamte Oberfläche des Fleischs klopfen, damit es zarter wird. Salzen und pfeffern, dann zum Panieren nacheinander in Mehl, verquirltem Ei und Panko wenden. Das restliche verquirlte Ei zur Seite stellen.
2. Das Frittieröl auf ca. 170 °C erhitzen. Die panierten Schnitzel vorsichtig hineinlegen und 8 Minuten frittieren, nach der Hälfte der Zeit wenden. Anschließend auf Küchenpapier abtropfen lassen und in Streifen schneiden.
3. Etwas Öl in einer Pfanne auf mittlerer Stufe erhitzen. Die in schmale Spalten geschnittenen Zwiebeln darin 1 Minute anbraten, dann Hühnerbrühe, Zucker und Sojasauce hinzugeben. Umrühren und 2 Minuten kochen. Das Fleisch zugeben, 1 weitere Minute kochen, dann das restliche Ei um das Fleisch herum angießen und etwa 30 Sekunden stocken lassen.
4. Alles auf den heißen, gekochten Reis geben und mit Schnittlauchröllchen bestreut servieren.

BEER
BREWERIES LIMITED

China

GUA BAO

ERGIBT
8 STÜCK

VORBEREITUNG: 30 MIN.
GARZEIT: 2 STD.
WARTEZEIT: 1 STD. 15 MIN.

FÜR DEN TEIG

- 200 ml lauwarme Milch
- 2 EL Zucker
- 1 TL Trockenhefe
- 300 g Mehl
- ½ TL Backpulver
- 1 Prise Salz
- 1 EL Bratöl

FÜR DAS FLEISCH

- 400 g Schweinebauch
- 2 Knoblauchzehen
- 1 Stück Ingwer, 3 cm dick
- 1 Frühlingszwiebel
- 2 EL Bratöl
- 5 EL Zucker
- 4 EL helle Sojasauce
- 1 TL dunkle Sojasauce
- 1 EL Shaoxing-Reiswein
- 1 TL Fünf-Gewürze-Pulver
- Pfeffer

FÜR DIE BEILAGE

- 1 Handvoll Erdnüsse
- 1 frischer Chili
- 200 g eingelegter Senfkohl (oder Weißkohl)
- Bratöl
- 10 Stängel Koriander

1. Das Schweinefleisch in große Würfel schneiden. Die Knoblauchzehen zerdrücken, den Ingwer in feine Scheiben und die Frühlingszwiebel in 3 cm lange Stücke schneiden.

2. Das Öl in einer Pfanne auf mittlerer Stufe erhitzen und das Fleisch darin anbraten. Den Zucker zugeben und karamellisieren lassen. Helle und dunkle Sojasauce, Shaoxing-Wein, Knoblauchzehen, Ingwer, Frühlingszwiebel, Fünf-Gewürze-Pulver und Pfeffer zugeben und alles knapp mit Wasser bedecken. Gut umrühren. Aufkochen, dann die Hitze auf ein Minimum reduzieren, zudecken und 2 Stunden schmoren.

3. Für den Teig den Zucker in der Milch auflösen, die Hefe unterrühren und den Hefeansatz abgedeckt 15 Minuten ruhen lassen. Das Mehl in eine Schüssel geben, Backpulver und Salz untermischen, dann den Hefeansatz zugießen und alles gut verrühren. Das Öl zufügen und den Teig 5 Minuten kneten. Zu einer Kugel formen, abdecken und 1 Stunde gehen lassen.

4. Die Erdnüsse grob hacken, den Chili in feine Ringe schneiden und den eingelegten Kohl grob zerkleinern. Den Kohl mit den Chiliringen in etwas Öl anbraten. Zur Seite stellen.

5. Den Teig auf einer bemehlten Arbeitsfläche 2 Minuten kneten. Zu einem Strang formen und in 8 gleich große Stücke schneiden. Jedes Stück zunächst zu einer Kugel formen, dann zu einem Kreis von ø 12 cm ausrollen. In der Mitte falten. Um jeden Teighalbmond ein Stück Backpapier legen, damit die Teigtaschen beim Garen nicht zusammenkleben. In einen Dampfkorb legen und 10 Minuten garen.

6. Die Teigtaschen aufklappen. Jeweils mit Fleischstücken, Kohl, Erdnüssen und Korianderblättern füllen, sodass alle Zutaten verbraucht werden. Warm servieren.

Gua bao

FISCH

Japan

EBI TEMPURA

ERGIBT
8 STÜCK

VORBEREITUNG: 30 MIN.
GARZEIT: 5 MIN.

- 8 rohe Garnelen
- 3 EL Mehl
- 6 EL Panko (japanisches Paniermehl)
- 2 Eier
- Öl zum Frittieren
- Salz, Pfeffer

FÜR DEN DIP
- ½ Zwiebel
- 1 Ei, hart gekocht
- 4 Cornichons
- 1 TL Mirin
- 5 EL Mayonnaise
- Salz, Pfeffer

1. Für den Dip die Zwiebel hacken, mit etwas Salz bestreuen und 15 Minuten zur Seite stellen. Das Ei in einer Schüssel mit einer Gabel zerdrücken, die Cornichons hacken und zugeben. Die Zwiebelwürfel abspülen, trocken tupfen und ebenfalls zugeben. Mirin und die Mayonnaise unterrühren, dann mit Salz und Pfeffer abschmecken. Bis zum Verzehr in den Kühlschrank stellen.
2. Die Köpfe der Garnelen entfernen. Die Garnelen schälen und die Darmfäden entfernen, aber die Schwanzflosse dranlassen. Die Garnelen auf der Bauchseite schräg in Abständen von 1 cm einschneiden, dann auf den Rücken drücken, bis ein Knacken hörbar wird. Dadurch werden die Garnelen verlängert und krümmen sich beim Frittieren nicht.
3. Zum Panieren einen Teller mit Mehl, einen Teller mit Panko und einen weiteren Teller mit verquirltem Ei bereitstellen. Die Garnelen salzen und pfeffern, in Mehl, dann in verquirltem Ei und zuletzt in Panko wenden.
4. Das Frittieröl auf 160 °C erhitzen und die Garnelen darin 5 Minuten garen, dabei regelmäßig wenden oder bewegen, damit sie rundum schön braun werden. Auf Küchenpapier abtropfen lassen. Mit dem Dip servieren.

Japan

TEMARI SUSHI

ERGIBT
32 STÜCK

VORBEREITUNG: 30 MIN.
GARZEIT: 15 MIN.
WARTEZEIT: 10 MIN.

- 550 g ungekochter japanischer weißer Reis
- 12 EL Sushi-Essig
- 1 Avocado
- 1 Lachssteak
- 1 Thunfischsteak
- 8 gegarte Garnelen
- Wasabi
- Mayonnaise
- Aonori (Algenflocken)
- Rogen von Lachs oder Forelle

1. Den Reis unter fließend kaltem Wasser abspülen, bis das Wasser klar ist. Zum Garen im Reiskocher 750 ml Wasser zugeben. Zum Garen im Topf den abgespülten Reis zunächst gründlich abtropfen lassen, dann das Wasser zugeben und bei mittlerer Hitze zum Kochen bringen. Den Deckel aufsetzen, die Hitze auf ein Minimum reduzieren und 12 Minuten garen. Vom Herd nehmen und 10 Minuten ruhen lassen, dabei auf keinen Fall den Deckel abnehmen.
2. Den noch heißen Reis mit dem Reis-Sushi-Essig würzen, gut umrühren und dabei den Reis durchlüften, um ihn abzukühlen. Abdecken und zur Seite stellen.
3. Die Avocado halbieren und das Fruchtfleisch in dünne Streifen schneiden. Lachs und Thunfisch häuten und in 2–3 mm dünne Scheiben schneiden. Die Garnelen vollständig schälen, dann die Darmfäden entfernen. Die Garnelen flach drücken.
4. 8 Scheiben Avocado einander überlappend auf ein Quadrat aus Frischhaltefolie legen. In die Mitte eine ca. 40 g schwere Reiskugel legen. Die 4 Ecken der Folie fassen und den Inhalt auf diese Weise zusammendrücken, um eine gleichmäßige Kugel zu formen. Die Folie entfernen. Mit den übrigen Zutaten (Lachs, Thunfisch und Garnelen – jeweils statt Avocado) ebenso vorgehen. Auf Thunfisch und Lachs vor dem Auflegen der Reiskugel etwas Wasabi tupfen.
5. Die Temari Sushi auf einen Teller legen und mit Mayonnaise, Aonori oder Rogen garnieren.

☞ TIPP

Dazu Sojasauce, Wasabi und marinierten Ingwer reichen.

Temari Sushi

China

GARNELEN
IN PIKANTER SAUCE

ERGIBT
32 STÜCK

VORBEREITUNG: 15 MIN.
GARZEIT: 10 MIN.

- 32 rohe Garnelen
- 4 EL helle Sojasauce
- 1½ EL Kartoffelstärke
- 2 Knoblauchzehen
- 1 Frühlingszwiebel
- 1 Zwiebel
- 3 EL Bratöl
- 1 TL Zucker
- 2 EL Ketchup
- 1 EL Chilipaste
- 1 EL Sesamöl
- Pfeffer

1. Die Garnelen schälen und entdarmen, in eine Schüssel geben, 2 EL Sojasauce, 1 EL Speisestärke und den Pfeffer dazugeben. Gut verrühren und zur Seite stellen.
2. Knoblauch, Frühlingszwiebel und Zwiebel hacken. Die restliche Stärke mit 200 ml Wasser verrühren.
3. 2 EL Öl in einer Pfanne erhitzen. Die Garnelen darin portionsweise je 4 Minuten braten, dann herausnehmen.
4. 1 EL Öl in dieselbe Pfanne geben. Knoblauch und Zwiebel darin 20 Sekunden bei schwacher Hitze anbraten. Zucker, Ketchup, Chilipaste, die restlichen 2 EL Sojasauce und die angerührte Speisestärke hinzufügen. 2 Minuten köcheln lassen, dann die Garnelen zugeben. Vom Herd nehmen und mit dem Sesamöl beträufeln. Mit Frühlingszwiebeln bestreut servieren.

TIPP

Serviere das Gericht mit Duftreis.

China

GEGRILLTE DORADE SÜSSSAUER

FÜR
✶ **4 PERSONEN** ✶

VORBEREITUNG: 30 MIN.
GARZEIT: 15 MIN.

- 2 Knoblauchzehen
- 1 Zwiebel
- ½ rote Paprikaschote
- ½ grüne Paprikaschote
- 2 ganze Doraden (Goldbrassen)
- 6 EL Kartoffelstärke
- Bratöl
- Salz, Pfeffer

FÜR DIE SAUCE
- 1 EL Tomatenmark
- 2 EL Zucker
- 2 EL weißer Essig
- 3 EL helle Sojasauce
- 1 EL Kartoffelstärke

1. Knoblauch und Zwiebel hacken, beide Paprikahälften in kleine Würfel schneiden. Zur Seite stellen.
2. Für die Sauce alle Zutaten mit 300 ml Wasser verrühren.
3. Von den Fischen die Flossen (bis auf die Schwanzflossen) entfernen. Die Fische auf jeder Seite dreimal einschneiden. Salzen, pfeffern und großzügig mit Speisestärke bestreuen.
4. Die Doraden in einer Pfanne mit etwas Öl auf jeder Seite 5 Minuten goldbraun braten. Auf eine flache Servierschale legen und zur Seite stellen.
5. 2 EL Öl in der gleichen Pfanne erhitzen. Knoblauch und Zwiebel darin 20 Sekunden anbraten. Paprika zugeben und die Sauce darübergießen. 2 Minuten köcheln lassen, dann über den Fisch geben.

TIPP
Dazu schmeckt Duftreis oder kantonesischer Reis (siehe Seite 152).

Thailand

ROTES CURRY
MIT KABELJAU

FÜR
4 PERSONEN

VORBEREITUNG: 15 MIN.
GARZEIT: 15 MIN.

- 6 Kaffir-Limettenblätter
- 1 EL Bratöl
- 2 EL rote Currypaste
- 400 ml Hühnerbrühe
- 400 ml Kokosmilch
- 1 EL Zucker
- 4 EL Fischsauce
- 4 Kabeljaufilets

1. Die Mittelrippen der Kaffir-Limettenblätter entfernen und 3 Blätter längs in feine Streifen schneiden.
2. Das Öl auf mittlerer Stufe in einer Pfanne erhitzen. Die Currypaste 30 Sekunden darin anbraten, Hühnerbrühe und Kokosmilch zugießen und alles mit Zucker und Fischsauce würzen. Umrühren, 3 ungeschnittene Kaffir-Limettenblätter zugeben und 5 Minuten köcheln lassen. Den Fisch in die Sauce legen und abgedeckt 10 Minuten garen. Zwischendurch die Filets einmal wenden.
3. Wenn der Fisch gar ist, das Gericht mit den feinen Streifen von Kaffir-Limettenblättern bestreut servieren.

TIPP
Auch zu diesem Gericht passt Duftreis ganz wunderbar.

Japan

MAKRELE
MIT ROTEM MISO

FÜR
4 PERSONEN

VORBEREITUNG: 20 MIN.
GARZEIT: 15 MIN.

- 1 Frühlingszwiebel
- 4 Makrelen
- 2 EL Mirin
- 4 EL Sake
- 4 EL helle Sojasauce
- 3 EL Zucker
- 8 Scheibchen Ingwer, 1 mm dick
- 2 EL rote Misopaste

1. Die Frühlingszwiebel in feine Streifen schneiden und in kaltes Wasser legen, damit sie sich eindrehen.
2. Die Makrelen ausnehmen und die Köpfe entfernen. Jeden Fisch in 3 Stücke schneiden.
3. 250 ml Wasser, Mirin, Sake, Sojasauce, Zucker und Ingwer in eine Pfanne geben. Zum Kochen bringen, dann die Misopaste einrühren. Den Fisch in die Flüssigkeit legen und abgedeckt 5 Minuten köcheln lassen. Die Fischstücke wenden, mit der Sauce übergießen, den Deckel wieder auflegen und weitere 5 Minuten köcheln lassen. Den Deckel abnehmen und die Sauce um ein Drittel einkochen lassen, dabei immer wieder Sauce über den Fisch löffeln.
4. Den Fisch anrichten, mit der Sauce übergießen und mit den abgetropften Frühlingszwiebeln bestreuen.

TIPP

Serviere das Gericht mit weißem japanischen Reis.

Yeo's
Huile De
香蔴

VEGETARISCH

VEGETARISCH

China

BRATNUDELN
MIT GEMÜSE

FÜR
4 PERSONEN

VORBEREITUNG: 15 MIN.
GARZEIT: 10 MIN.

- 250 g getrocknete Mie-Nudeln
- 1 Karotte
- 1 Stück Ingwer, 3 cm dick
- 70 g Zuckerschoten
- 70 g Champignons
- 1 Pak Choi
- 1 Frühlingszwiebel
- ½ Zwiebel
- 2 Knoblauchzehen
- 3 EL Bratöl
- 100 g Sojasprossen
- 1 EL Sesamöl

FÜR DIE SAUCE
- 1 EL dunkle Sojasauce
- 5 EL helle Sojasauce
- 2 EL vegetarische Austernsauce
- Pfeffer

1. Die Nudeln gemäß Packungsanleitung in kochendem Wasser garen. Abgießen, abschrecken und abtropfen lassen. Zur Seite stellen.
2. Karotte und Ingwer in feine Streifen schneiden und die Zuckerschoten halbieren. Die Champignons in Scheiben, den Pak Choi in 2–3 cm breite Streifen und die Frühlingszwiebel in 3 cm große Stücke schneiden. Die Zwiebel in dünne Ringe schneiden und den Knoblauch grob hacken.
3. Für die Sauce dunkle und helle Sojasauce, Austernsauce mit 5 EL Wasser in einer Schüssel verrühren. Pfeffern und gut umrühren.
4. Das Bratöl in einer Pfanne erhitzen. Knoblauch, Zwiebel und Ingwer 15 Sekunden anbraten. Die Karotte hinzufügen und 1 Minute mitbraten, dann das restliche Gemüse außer der Frühlingszwiebel hinzufügen. Die Sauce in die Pfanne gießen, umrühren und abgedeckt 2 Minuten köcheln lassen. Dann die Nudeln hinzufügen und unterheben, bis sie ganz mit der Sauce umhüllt sind. Zum Schluss Sojasprossen, Frühlingszwiebel und Sesamöl hinzufügen und alles 30 Sekunden unter Rühren durchwärmen.

China

CHINESISCHE AUBERGINEN MIT SOJASAUCE

FÜR
✶ **4 PERSONEN** ✶

VORBEREITUNG: 10 MIN.
GARZEIT: 10 MIN.

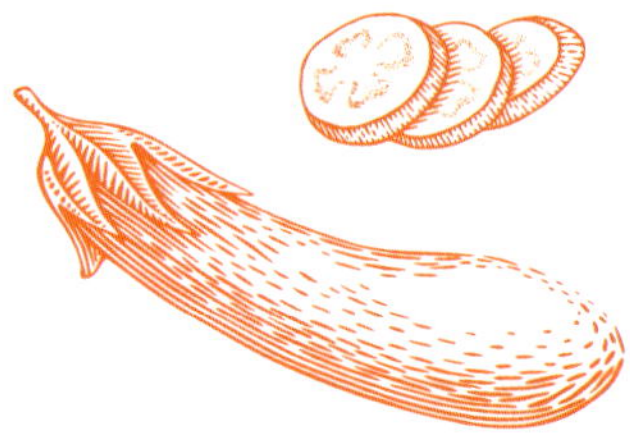

- 1 Frühlingszwiebel
- 1 Stück Ingwer, 3 cm dick
- 2 Knoblauchzehen
- 600 g chinesische Auberginen
- 3 EL Bratöl
- 1 TL Chilipaste (nach Belieben)
- 1 EL Sesamöl

FÜR DIE SAUCE

- 1 EL Zucker
- 1 TL Kartoffelstärke
- 5 EL helle Sojasauce
- 1 EL Reisessig
- Pfeffer

1. Die Frühlingszwiebel in dünne Ringe schneiden. Den Ingwer in feine Stifte schneiden. Den Knoblauch grob hacken. Die Auberginen längs halbieren (dicke Exemplare vierteln) und in 3 cm lange Stücke schneiden.
2. Für die Sauce in einer Schüssel alle Zutaten mit 4 EL Wasser verrühren.
3. 2 EL Bratöl in einer Pfanne erhitzjen. Die Auberginen darin 2 Minuten anbraten, 100 ml Wasser zugießen, zudecken und kochen, bis das Wasser vollständig aufgesogen ist. Auf einen Teller geben.
4. 1 EL Öl in dieselbe Pfanne geben. Knoblauch und Ingwer darin 20 Sekunden anbraten, Auberginen, Sauce und Chilipaste zugeben. 1 Minute unter vorsichtigem Rühren durchwärmen, dann vom Herd nehmen. Mit Sesamöl beträufeln.
5. Mit Frühlingszwiebelringen bestreuen und servieren.

China

PAK CHOI
MIT GEBRATENEN SHIITAKE

FÜR
✶ **4 PERSONEN** ✶

VORBEREITUNG: 10 MIN.
GARZEIT : 10 MIN.

- 4 Pak Choi
- 250 g frische Shiitake
- 2 Knoblauchzehen
- 2 EL Bratöl
- 1 EL Sesamöl
- Salz

FÜR DIE SAUCE
- 4 EL helle Sojasauce
- 2 EL vegetarische Austernsauce
- 1 TL Kartoffelstärke
- Salz, Pfeffer

1. Die Pak Choi vierteln. Die Stiele der Shiitake entfernen und die Hüte in Scheiben schneiden. Den Knoblauch hacken.
2. Für die Sauce in einer Schüssel Sojasauce, Austernsauce, Kartoffelstärke und 120 ml Wasser verrühren. Salzen und pfeffern.
3. Den Pak Choi 4–5 Minuten in kochendem Salzwasser blanchieren, dann herausnehmen und abtropfen lassen.
4. 1 EL Bratöl in einer Pfanne erhitzen. Ein Drittel des gehackten Knoblauchs 5 Sekunden anbraten. Den Pak Choi zugeben, 1 Minute durchwärmen und auf einen Servierteller legen.
5. In derselben Pfanne bei starker Hitze 1 EL Bratöl erhitzen. Den restlichen Knoblauch 10 Sekunden anbraten. Die Pilze zugeben und 3 Minuten braten. Die Sauce zugießen, 30 Sekunden unter Rühren erhitzen, dann das Sesamöl zugeben. Die Shiitake auf dem Pak Choi anrichten.

Korea

KIMCHI

ERGIBT
1 GLAS (2 LITER)

VORBEREITUNG: 20 MIN.
GARZEIT: 5 MIN.
WARTEZEIT: 2 STD. + 5 TAGE

TIPP
Kimchi kann nach der Fermentation 1 Monat im Kühlschrank aufbewahrt werden.

- 1 Chinakohl (900–1000 g)
- 3 EL grobes Salz
- 1 Karotte
- 1 längliche weiße Rübe
- 3 Frühlingszwiebeln
- 3 EL Reismehl
- 4 EL Zucker
- 1 Zwiebel
- 5 Knoblauchzehen
- 1 Stück Ingwer, 6 cm dick
- 5 EL Fischsauce
- 4 EL Gochugaru (koreanisches Chilipulver), oder nach gewünschter Schärfe

1. Den Chinakohl längs vierteln. Die Viertel in 3 cm breite Streifen schneiden und in eine große Schüssel geben. Gründlich waschen und abtropfen lassen. Grobes Salz darübergeben, gut vermengen und mindestens 2 Stunden ziehen lassen. Das ausgetretene Kohlwasser abgießen, den Kohl nochmals abspülen, abtropfen lassen und zur Seite stellen.
2. Karotte, Rübe und Frühlingszwiebeln in recht dünne Streifen schneiden. Alles mit dem Kohl in eine Schüssel geben.
3. 400 ml Wasser mit dem Reismehl in einem Topf bei niedriger Hitze unter ständigem Rühren erhitzen. Sobald die Mischung eindickt, den Zucker hinzufügen. Wenn die Mischung durchscheinend wird, vom Herd nehmen und abkühlen lassen.
4. In der Zwischenzeit die Zwiebel vierteln, Knoblauch und Ingwer hacken und beides in das abgekühlte Reismehlwasser geben. Mit Fischsauce und Gochugaru würzen und glatt rühren. Über das Gemüse gießen und gut verrühren.
5. Das Kimchi in ein großes oder mehrere kleinere Gläser füllen, aber unter dem Rand etwas Platz für die Milchsäuregärung lassen. Vor dem Verzehr 5 Tage bei Zimmertemperatur ziehen lassen.

Korea

BRATREIS
MIT KIMCHI

FÜR
4 PERSONEN

VORBEREITUNG: 10 MIN.
GARZEIT: 10 MIN.

- 300 g abgetropften Kimchi aus dem Glas (Flüssigkeit aufbewahren)
- 1 Frühlingszwiebel
- 2 EL Bratöl
- 500 g gekochter japanischer weißer Reis (210 g ungekocht)
- 1 EL Sesamöl
- 1 EL Noristreifen oder -flocken
- 1 EL Sesam, geröstet

FÜR DIE SAUCE
- 1 EL Gochujang (koreanische Würzpaste)
- 1 TL Gochugaru (koreanisches Chilipulver)

1. Für die Sauce 150 ml Kimchi-Lake in eine Schüssel geben. Gochujang und Gochugaru hinzufügen, gut verrühren und zur Seite stellen.
2. Die Frühlingszwiebel in dünne Ringe schneiden. Den Kimchi in kleine Stücke schneiden.
3. Das Bratöl auf mittlerer Stufe in einer Pfanne erhitzen. Den Kimchi 1 Minute anbraten. Gegarten Reis und die Sauce hinzufügen und alles 5 Minuten unter ständigem Rühren garen. Vom Herd nehmen, mit Frühlingszwiebel bestreuen und mit Sesamöl beträufeln.
4. Mit feinen Noristreifen und Sesam bestreuen und servieren.

Kimchi

Bratreis mit Kimchi

Korea

MARINIERTE EIER

FÜR
4 PERSONEN

VORBEREITUNG: 10 MIN.
GARZEIT: 6 MIN.
WARTEZEIT: 3 STD.

- 8 Eier
- 1 Stück Ingwer, 2 cm dick
- 1 frischer Chili
- 1 Frühlingszwiebel
- 3 Knoblauchzehen
- 3 EL Zucker
- 150 ml helle Sojasauce
- 600 ml Mirin
- 1 EL Sesamöl
- 600 g gegarter weißer japanischer Reis
- Schnittlauch zum Garnieren

1. Die Eier 6 Minuten im kochenden Wasser garen, abschrecken und pellen.
2. Den Ingwer in feine Streifen, den Chili in feine Ringe schneiden. Frühlingszwiebel und Knoblauchzehen hacken.
3. Zucker, Sojasauce, Mirin und 150 ml Wasser in eine Schüssel geben. Rühren, bis sich der Zucker auflöst. Das Sesamöl und alle zuvor zerkleinerten Zutaten hinzufügen. Die Eier hineinlegen und untertauchen. Mit einem Stück Frischhaltefolie abdecken und mindestens 3 Stunden (besser über Nacht) im Kühlschrank marinieren.
4. Die Eier halbieren, auf Reis anrichten und mit etwas Marinade übergießen. Mit Schnittlauchröllchen garniert servieren.

Japan

RAMEN-SUPPE

FÜR
4 PERSONEN

VORBEREITUNG: 30 MIN.
WARTEZEIT: 2 STD.
GARZEIT: 2 STD.

- 4 Eier
- 250 ml helle Sojasauce
- 100 ml Mirin
- 160 g Sojasprossen
- 2 Noriblätter, 19 × 21 cm
- Frühlingszwiebeln
- 270 g trockene Ramen-Nudeln
- 4 TL Sesamöl
- 1 TL schwarzer Sesam
- Salz

FÜR DIE BRÜHE

- 1 Stange Lauch
- 2 Stangen Sellerie
- 1 Karotte
- 1 Knolle Knoblauch
- 1 Mairübe
- 1 Stück Ingwer, 10 cm lang
- 1 Zwiebel
- 1 Schuss Bratöl
- 5 getrocknete Shiitake
- 5 g Kombu
- 1 TL Salz

1. Die Eier 6 Minuten in kochendem Wasser garen, dann abschrecken und pellen. In einer Schüssel 150 ml Sojasauce mit dem Mirin und 100 ml Wasser verrühren. Die Eier in die Mischung legen und mindestens 2 Stunden im Kühlschrank marinieren.
2. Für die Brühe Lauch und Sellerie in Stücke schneiden, die Karotte vierteln, die Knoblauchknolle quer halbieren, die Rübe vierteln und den Ingwer in 5 dicke Scheiben schneiden. Die Zwiebel hacken.
3. Die Zwiebel in einem Topf mit etwas Öl 5 Minuten anbraten. Das übrige vorbereitete Gemüse hinzufügen und weitere 5 Minuten braten. 2 l Wasser zugießen. Shiitake, Kombu und Salz zugeben. Aufkochen, dann die Hitze auf ein Minimum reduzieren und 1 ½ Stunden köcheln lassen.
4. Die Brühe durch ein feines Sieb gießen und warm halten.
5. Die Sojasprossen 2 Minuten in kochendem Salzwasser blanchieren, abtropfen lassen und beiseite stellen. Die Noriblätter achteln und die Frühlingszwiebeln in Ringe schneiden.
6. Die Ramen-Nudeln gemäß Packungsanleitung garen. In der Zwischenzeit die verbliebene helle Sojasauce auf 4 Servierschalen verteilen, dann je 1 TL Sesamöl zugeben. 1 Minute bevor die Nudeln gar sind, 2–3 Kellen heiße Brühe in jede Schale füllen.
7. Die Nudeln abgießen und mit Sojasprossen, halbierten Eiern und Frühlingszwiebel in den Servierschalen verteilen. Mit Sesam bestreuen und in jede Schale 2 Noristücke legen.

五木
ふっくら
もちもち
時間をかけておいしく仕上げました。
いなか
田舎うどん

Ramen-Suppe

Japan

TOFU-TERIYAKI

FÜR
4 PERSONEN

VORBEREITUNG: 10 MIN.
GARZEIT: 10 MIN.

- 500 g fester Tofu
- 2 Knoblauchzehen
- 1 Frühlingszwiebel
- 1 Stück Ingwer, 1 cm dick
- 2 EL Bratöl
- 5 EL Sake
- 5 EL Mirin
- 5 EL helle Sojasauce
- 1 EL Zucker
- 1 EL Sesam, geröstet

1. Den Tofu mit Küchenpapier trocken tupfen und in 5 mm dünne Scheiben schneiden. Den Knoblauch zerdrücken, die Frühlingszwiebel in dünne Ringe schneiden. Den Ingwer in 4 Scheiben schneiden.
2. Das Öl auf mittlerer Stufe in einer Pfanne erhitzen und die Tofu-Scheiben darin auf jeder Seite 2–3 Minuten anbraten. Aus der Pfanne heben und zur Seite stellen.
3. Sake, Mirin, Sojasauce, Zucker, Knoblauch und Ingwer in die Pfanne geben und 1 Minute kochen, dann den Tofu wieder hinzufügen. Köcheln lassen, bis die Sauce um die Hälfte reduziert ist, dabei die Tofuscheiben regelmäßig wenden.
4. Mit Sesam und Frühlingszwiebeln bestreuen und servieren.

TIPP

Zu diesem Gericht passt weißer japanischer Reis.

NUDELN UND REIS

Thailand

PAD THAI
MIT GARNELEN

FÜR
4 PERSONEN

VORBEREITUNG: 20 MIN.
GARZEIT: 15 MIN.

- 24 rohe Garnelen
- 300 g fester Tofu
- 4 EL getrockneter gesalzener Rettich
- 2 Schalotten
- 3 Knoblauchzehen
- 10 Halme Chinalauch
- 2 Limetten
- 4 Eier
- 3 EL Bratöl
- 400 g Reisnudeln (1 mm dick, 1 Std. in kaltem Wasser eingeweicht)
- 200 g Sojasprossen
- 3 EL grob gehackte Erdnüsse
- reichlich Koriander

FÜR DIE SAUCE
- 2 EL Tamarindenpaste
- 4 EL Fischsauce
- 2 EL Zucker

1. Die Garnelen schälen und entdarmen. Den Tofu in 8 mm dicke Würfel schneiden, den Rettich grob hacken, die Schalotten in Ringe schneiden, den Knoblauch hacken, den Chinalauch in 4 cm lange Stücke schneiden und die Limetten vierteln. Die Eier verquirlen.
2. Für die Sauce 150 ml Wasser mit Tamarindenkonzentrat, Fischsauce und Zucker in einer Schüssel verrühren.
3. Das Öl auf mittlerer Stufe in einer großen Pfanne erhitzen. Den Knoblauch 30 Sekunden darin anbraten, die Garnelen zugeben und 2 Minuten braten. Tofu und Schalotten hinzufügen und 1 Minute mitbraten. Alles auf eine Seite der Pfanne schieben. Abgetropfte Reisnudeln und die Sauce zufügen und unter ständigem Rühren erhitzen, bis die Nudeln weich werden. Dann zu den Garnelen und dem Tofu an die Seite schieben. Die Eier in die Pfannenmitte geben, und zu weichem Rührei verarbeiten. Dann den gesamten Pfanneninhalt miteinander vermischen. Rettich, Chinalauch und Sojasprossen dazugeben, vorsichtig umrühren und gut durchwärmen.
4. Auf Teller oder in Schalen füllen, mit Erdnüssen und Korianderblättern bestreuen und mit Limettenschnitzen servieren.

China

BRATNUDELN MIT RINDFLEISCH UND BROKKOLI

FÜR
4 PERSONEN

VORBEREITUNG: 15 MIN.
WARTEZEIT: 10 MIN.
GARZEIT: 10 MIN.

- 500 g Rumpsteak
- 1 Zwiebel
- 5 Stiele chinesischer Brokkoli
- 2 Knoblauchzehen
- 7 EL Bratöl
- 400 g Reisbandnudeln (10 mm breit, 1 Std. in kaltem Wasser eingeweicht)
- 1 EL dunkle Sojasauce
- 2 EL helle Sojasauce

FÜR DIE SAUCE
- 3 EL Austernsauce
- 1 EL dunkle Sojasauce
- 5 EL helle Sojasauce
- 1 EL Sesamöl
- 1 EL Zucker
- Pfeffer

1. Das Rindfleisch in dünne Streifen, die Zwiebel in Ringe und den chinesischen Brokkoli in 3 cm lange Stücke schneiden, den Knoblauch hacken.
2. Das Rindfleisch mit 1 EL dunkler Sojasauce und 2 EL heller Sojasauce übergießen und 10 Minuten marinieren.
3. Alle Zutaten für die Sauce verrühren.
4. Den chinesischen Brokkoli 2 Minuten in kochendem Wasser blanchieren. Abtropfen lassen und beiseite stellen.
5. 4 EL Bratöl in einer Pfanne erhitzen. Die Reisnudeln darin 2 Minuten unter ständigem Rühren braten, bis sie weich werden (Vorsicht, das Öl kann spritzen!). Aus der Pfanne heben und zur Seite stellen.
6. Die übrigen 3 EL Bratöl in dieselbe Pfanne geben. Knoblauch und Zwiebel darin 20 Sekunden anbraten. Das Rindfleisch zugeben und 2 Minuten braten. Dann Reisnudeln, chinesischen Brokkoli und die Sauce in die Pfanne geben und 2 Minuten unter ständigem Rühren durchwärmen.

TIPP

Du kannst den chinesischen Brokkoli durch Sprossenbrokkoli oder Sojasprossen ersetzen.

Japan

YAKISOBA
MIT HÄHNCHEN

FÜR
4 PERSONEN

VORBEREITUNG: 15 MIN.
GARZEIT: 15 MIN.

- 400 g Hähnchenfleisch
- 1 Zwiebel
- 200 g Weißkohl
- 1 Frühlingszwiebel
- 1 Karotte
- 270 g trockene Soba
- 3 EL Bratöl
- 200 g Sojasprossen
- Aonori (Algenflocken)
- Beni shōga (roter eingelegter Ingwer)

FÜR DIE YAKISOBA-SAUCE

- 2 EL Zucker
- 5 EL helle Sojasauce
- 2 EL Austernsauce
- 3 EL Ketchup
- 3 EL Worcestershiresauce

1. Das Fleisch in mundgerechte Stücke schneiden. Zwiebel und Kohl in Streifen schneiden, die Frühlingszwiebel in 5 cm lange Stücke und die Karotte in dünne Stifte schneiden.
2. Für die Sauce alle Zutaten mit 4 EL Wasser in einer Schüssel gut verrühren.
3. Die Soba 5 Minuten kochen, abschrecken und abtropfen lassen.
4. Das Öl in einer Pfanne erhitzen. Das Fleisch darin anbraten, dann Zwiebel, Karotte und Kohl zugeben und 2 Minuten mitbraten. Nudeln und Sauce zufügen und unter ständigem Rühren 3 Minuten garen. Zuletzt Sojasprossen und Frühlingszwiebel zugeben und 1 Minute durchwärmen.
5. Anrichten und mit Aonori und Beni shōga garniert servieren.

Korea

BIBIMBAP

FÜR
4 PERSONEN

VORBEREITUNG: 30 MIN.
GARZEIT: 10 MIN.

- 4 Knoblauchzehen
- 12 getrocknete Shiitake (2 Std. in kaltem Wasser eingeweicht)
- 1 große Zucchini
- 1 große Karotte
- ½ Salatgurke
- 6 Salatblätter
- 50 g Spinat
- 3 EL Sesam
- Bratöl
- Sesamöl
- 600 g gekochter Duftreis oder japanischer weißer Reis (250 g ungekocht)
- 120 g Sojasprossen
- 4 Eigelb
- 4 TL Gochujang (koreanische Würzpaste)
- Salz

FÜR DAS FLEISCH

- 300 g Rumpsteak
- 1 TL Zucker
- 1 EL Sesamöl
- 5 EL helle Sojasauce
- Pfeffer

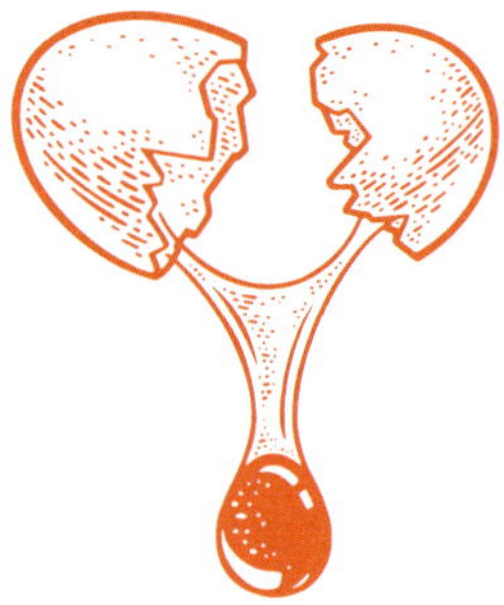

1. Die Knoblauchzehen zerdrücken. Abgetropfte Shiitake, Zucchini, Karotte, Gurke und Salatblätter in Streifen schneiden.
2. Das Rindfleisch ebenfalls in Streifen schneiden und in eine Schüssel legen. Zucker, Sesamöl, Sojasauce, Pfeffer und 1 TL vom bereits gehackten Knoblauch zugeben, gut vermengen und zur Seite stellen.
3. Den Spinat 1 Minute in kochendem Wasser blanchieren, abschrecken und mit den Händen sehr gründlich ausdrücken. Grob in Streifen schneiden.
4. Den Sesam in einer Pfanne ohne Fett rösten und herausnehmen, sobald er zu bräunen beginnt.
5. Das Gemüse (außer Salat und Gurke) separat und nacheinander, aber auf die gleiche Weise zubereiten: etwas Bratöl in einer Pfanne stark erhitzen. Etwas Knoblauch und das jeweilige Gemüse zugeben, Salz und wenig Sesamöl hinzufügen und alles 1 Minute braten.
6. Das Rindfleisch bei starker Hitze in derselben Pfanne 2 Minuten braten.
7. Zum Servieren den Reis in 4 Servierschalen füllen. Gemüse, Sojasprossen, Salat und Rindfleisch nebeneinander darauf anrichten. In die Mitte ein Eigelb legen. Mit geröstetem Sesam bestreuen und 1 TL Gochujang dazugeben.

TIPP

Zum Verzehr den Reis in der Servierschale mit den Beilagen mischen.

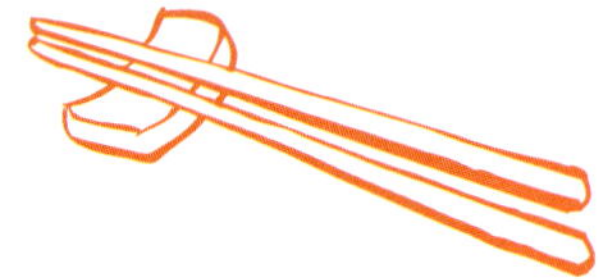

China

KANTONESISCHER REIS

FÜR
4 PERSONEN

VORBEREITUNG: 10 MIN.
GARZEIT: 10 MIN.

- 1 Karotte
- 1 Frühlingszwiebel
- 4 Eier
- 4 EL Bratöl
- 500 g gekochter Duftreis (210 g ungekocht)
- 250 g Kochschinken, gewürfelt
- 100 g Erbsen (frisch oder TK)
- 3 EL helle Sojasauce
- Salz, Pfeffer

1. Die Karotte in kleine Würfel schneiden. Die Frühlingszwiebel grob hacken. Die Eier in einer Schüssel verquirlen.
2. Die Karottenwürfel 2 Minuten in kochendem Wasser vorgaren. Abspülen, abtropfen lassen und zur Seite stellen.
3. Das Öl in einer Pfanne erhitzen. Die Eier darin zu Rührei verarbeiten, dann Reis, Schinkenwürfel, Erbsen, Karottenwürfel und die Sojasauce zugeben. Salzen, pfeffern und alles gut vermengen.
4. Mit gehackter Frühlingszwiebel bestreuen und servieren.

Japan

CHAHAN

FÜR
4 PERSONEN

VORBEREITUNG: 10 MIN.
GARZEIT: 10 MIN.

- 1 Frühlingszwiebel
- ½ Zwiebel
- 2 Knoblauchzehen
- 300 g geräucherter Schweinebraten
- 4 Eier
- 4 EL Bratöl
- 500 g gekochter japanischer weißer Reis (210 g ungekocht)
- 4 EL japanische Sojasauce
- Beni shōga (roter eingelegter Ingwer, nach Belieben)
- Pfeffer

1. Frühlingszwiebel und Zwiebel in Ringe schneiden, den Knoblauch hacken, den Schweinebraten in Würfel schneiden und die Eier verquirlen.
2. Das Öl auf mittlerer Stufe in einer Pfanne erhitzen. Zwiebel und Knoblauch darin 30 Sekunden braten, die Fleischwürfel zugeben und weitere 30 Sekunden braten. Die Mischung an den Rand der Pfanne schieben. Die verquirlten Eier in der Pfannenmitte zu Rührei verarbeiten, dann den Reis hinzufügen. Alles gut vermengen und mit Sojasauce und Pfeffer würzen. Die Hälfte der Frühlingszwiebel unterrühren.
3. Mit der restlichen Frühlingszwiebel und dem Beni shōga garnieren und servieren.

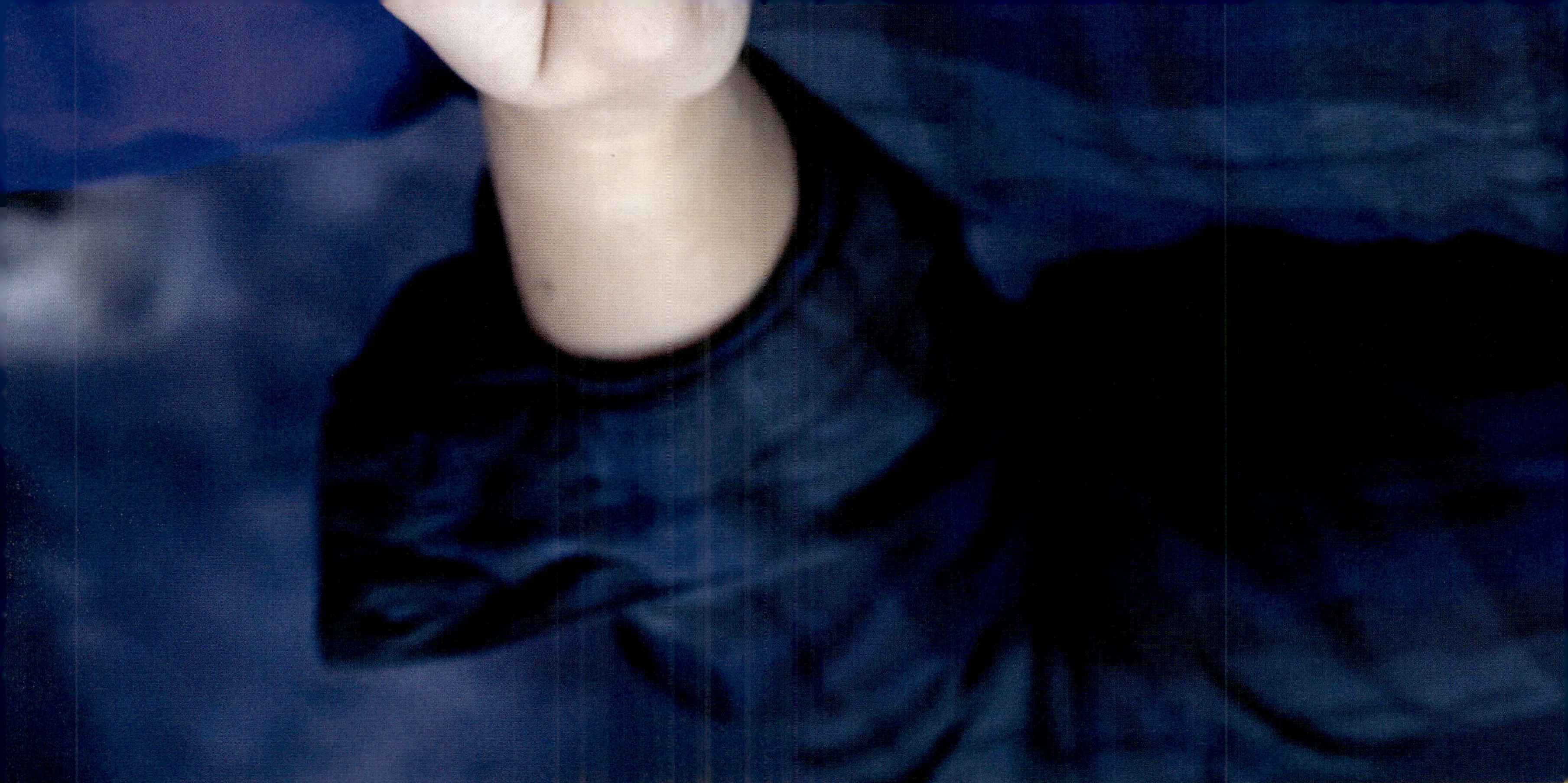

DESSERTS

Thailand

GEBACKENE BANANEN

ERGIBT
24 STÜCK

VORBEREITUNG: 10 MIN.
WARTEZEIT: 10 MIN.
GARZEIT: 5 MIN.

- 4 Bananen
- Öl zum Frittieren

FÜR DEN TEIG
- 150 g Reismehl
- 50 g Weizenmehl
- 5 g Backpulver
- 100 g Zucker
- 1 Prise Salz
- 400 ml Kokosmilch
- 80 g Kokosraspel
- 70 g Sesam, geröstet

1. Für den Teig Reismehl, Weizenmehl, Backpulver, Zucker, Salz und Kokosmilch in einer Schüssel zu einem glatten Teig verrühren. Kokosraspeln und die Hälfte des Sesams hinzufügen und sorgfältig unterrühren. Den Teig 10 Minuten ruhen lassen.
2. Die Bananen schälen und jeweils wie folgt in 6 Teile schneiden: längs halbieren, dann quer dritteln.
3. Das Frittieröl auf 170 °C erhitzen. Die Bananenstücke behutsam in dem Teig wenden, ohne sie zu zerbrechen. In das heiße Öl geben und rundherum goldbraun frittieren, dabei regelmäßig bewegen oder wenden. Auf Küchenpapier abtropfen lassen. Mit dem restlichen Sesam bestreut servieren.

Vietnam

BANANEN
MIT TAPIOKA UND KOKOSMILCH

FÜR
4 PERSONEN

VORBEREITUNG: 10 MIN.
WARTEZEIT: 15 MIN.
GARZEIT: 15 MIN.

- 4 EL Tapiokaperlen
- 800 ml Kokosmilch
- 100 g Zucker
- ½ TL Salz
- 3 Bananen
- 4 TL Sesam, geröstet

1. Die Tapiokaperlen 15 Minuten in Wasser einweichen. Gut abtropfen lassen.
2. Kokosmilch, Zucker und Salz in einen Topf geben und bei mittlerer Hitze unter ständigem Rühren 1 Minute erhitzen, bis Zucker und Salz aufgelöst sind. Die Tapiokaperlen einrühren. Die Mischung unter gelegentlichem Rühren 10 Minuten bei schwacher Hitze köcheln lassen. Die Tapiokaperlen sind gar, wenn sie transparent sind. Die Bananen in Scheiben schneiden, unter die Mischung rühren und weitere 2 Minuten köcheln lassen.
3. Vor dem Servieren mit geröstetem Sesam bestreuen.

China

KOKOSPERLEN

ERGIBT
30 STÜCK

VORBEREITUNG: 30 MIN.
GARZEIT: 25–30 MIN.

FÜR DIE FÜLLUNG
- 120 g geschälte getrocknete Sojabohnen (mindestens 2 Std. eingeweicht)
- 6 EL Zucker
- 120 g Kokosraspel
- Salz

FÜR DEN TEIG
- 200 g Mehl aus Klebreis
- 3 EL Zucker
- 1 Prise Salz
- 200 ml kochendes Wasser

1. Für die Füllung die eingeweichten Sojabohnen abtropfen lassen, in einen Topf geben und mit Wasser bedecken. Zum Kochen bringen, dann die Hitze auf ein Minimum reduzieren, und die Sojabohnen abgedeckt 20 Minuten köcheln lassen. Abgießen und pürieren, dann Zucker, 1 Prise Salz und 60 g Kokosraspel unterrühren. Abkühlen lassen und zu Kugeln mit Ø 2 cm formen (entspricht 1 gehäuften TL). Zur Seite stellen.
2. Für den Teig Klebreismehl, Zucker und Salz in einer Schüssel vermischen. Nach und nach das kochende Wasser mit einem Spatel unterrühren und alles zu einem glatten, geschmeidigen Teig verarbeiten. Falls der Teig zu trocken erscheint, noch etwas Wasser einrühren; ist er zu feucht, mehr Klebreismehl unterrühren.
3. Aus dem Teig ebenfalls Kugeln mit Ø 2 cm formen und diese zu Scheiben mit Ø 4 cm drücken. Eine Kugel Füllung mit einer Teigscheibe umhüllen und wieder schön rund formen.
4. Die restlichen Kokosraspel in eine Schüssel geben. Die gefüllten Perlen 7 Minuten in kochendem Wasser garen. Herausnehmen, abtropfen lassen und in den Kokosraspeln wälzen.

Thailand

KLEBREIS MIT MANGO

FÜR
4 PERSONEN

VORBEREITUNG: 10 MIN.
GARZEIT: 25 MIN.
WARTEZEIT: 15 MIN.

- 300 g ungekochter Klebreis (mindestens 3 Std. eingeweicht)
- 2 Mangos
- 400 ml Kokosmilch
- 100 g Zucker
- ½ TL Salz
- 2 EL Sesam, geröstet

1. Den Klebreis abtropfen lassen und 20 Minuten dampfgaren.
2. In der Zwischenzeit die Mangos in Spalten schneiden. Kokosmilch, Zucker und Salz in einem Topf erhitzen und 4 Minuten köcheln lassen.
3. Den gegarten Reis in eine Schüssel geben, die Kokosmilch darübergießen, gut verrühren, abdecken und 15 Minuten quellen lassen.
4. Den Reis auf Portionsteller geben und mit Sesam bestreuen. Die Mangospalten daneben anrichten.

Japan

DORAYAKI

ERGIBT
8 STÜCK

VORBEREITUNG: 10 MIN.
WARTEZEIT: 15 MIN.
GARZEIT: 2 MIN. PRO PFANNKUCHEN

- 190 g Adzukibohnen (Konserve)
- Bratöl

FÜR DIE PFANNKUCHEN
- 5 Eier
- 140 g Zucker
- 2 EL Honig
- 250 g Mehl
- 1 Päckchen Backpulver

1. Für die Bohnenpaste (Anko) die Adzukibohnen pürieren. Zur Seite stellen.
2. Für den Pfannkuchenteig die Eier in eine Schüssel geben. Zucker und Honig hinzufügen und alles 3 Minuten schaumig aufschlagen. Mehl und Backpulver über die Eier sieben und gleichmäßig unterrühren. Mit einem Stück Frischhaltefolie abdecken und 15 Minuten quellen lassen.
3. Falls der Teig nach dieser Zeit zu dick ist, 50–100 ml Wasser unterrühren.
4. Etwas Öl in einer beschichteten Pfanne erhitzen. 4 EL Teig in die Pfanne geben. Wenn sich nach etwa 1 Minute an der Oberfläche Blasen bilden, den Pfannkuchen wenden und die andere Seite 1 Minute braten.
5. 8 Pfannkuchen mit Bohnenpaste bestreichen und mit den übrigen 8 Pfannkuchen belegen.

Japan

GEEISTE MOCHI

ERGIBT
8 STÜCK

VORBEREITUNG: 20 MIN.
GARZEIT: 3 MIN.
WARTEZEIT: 1 STD. 45 MIN.

- Eis oder Sorbet nach Geschmack
- Kartoffel- oder Maisstärke

FÜR DEN TEIG
- 70 g japanisches Klebreismehl
- 90 g Zucker
- 105 ml Wasser

1. Aus dem Eis Kugeln mit ø 3 cm formen und ins Gefrierfach legen.
2. Für den Teig Klebreismehl, Zucker und 105 ml Wasser in einer Schüssel gut verrühren. Mit einem Stück Frischhaltefolie abdecken und 2 Minuten in der Mikrowelle bei 900 Watt erwärmen. Die Mischung herausnehmen, umrühren, wieder abdecken und erneut 30 Sekunden bei 900 Watt erwärmen. Herausnehmen, etwa 30 Sekunden rühren, dann die Mischung 2 Minuten abkühlen lassen.
3. Etwas Speisestärke auf die Arbeitsfläche streuen. Den Teig darauflegen. Teig und Nudelholz ebenfalls mit Speisestärke bestreuen. Den Teig zu einem Rechteck von 20 × 40 cm ausrollen und in 8 Quadrate (10 × 10 cm) schneiden. Überschüssige Speisestärke mit einem Pinsel entfernen. Die Teigquadrate auf Backpapier legen und für 45 Minuten in den Kühlschrank stellen.
4. Ein gekühltes Teigquadrat auf ein Stück Frischhaltefolie legen. Eine Eiskugel in die Mitte setzen und ganz mit dem Teig umhüllen. Die Folienecken fassen und oben zusammendrehen, dabei Teig und Eis zu schönen Kugeln formen. 1 Stunde ins Gefrierfach legen.

☞ TIPP

Die gefrorenen Mochi einige Minuten vor dem Servieren aus dem Gefrierfach nehmen.

SUCRE
LEVURE CHIMIQUE

Geeiste Mochi

REGISTER DER REZEPTE NACH LÄNDERN

CHINA

KOREA

JAPAN

LAOS

THAILAND

VIETNAM

REGISTER DER ZUTATEN

T

W

Z

Bibliografische Information der Deutschen Nationalbibliothek
Die Deutsche Nationalbibliothek verzeichnet diese Publikation in der Deutschen Nationalbibliografie. Detaillierte bibliografische Daten sind im Internet über http://dnb.de abrufbar.

Für Fragen und Anregungen
info@rivaverlag.de

Wichtiger Hinweis
Ausschließlich zum Zweck der besseren Lesbarkeit wurde auf eine genderspezifische Schreibweise sowie eine Mehrfachbezeichnung verzichtet. Alle personenbezogenen Bezeichnungen sind somit geschlechtsneutral zu verstehen.

1. Auflage 2023

Türkenstraße 89
80799 München
Tel.: 089 651285-0
Fax: 089 652096

Die französische Originalausgabe erschien 2021 bei Larousse unter dem Titel *Le riz jaune*.

Übersetzung: Wiebke Krabbe
Redaktion: Anna Christiane Gülicher-Loll
Umschlaggestaltung: Sonja Vallant
Umschlagabbildungen und Abbildungen Innenteil: Sophie Dumont
Illustrationen: shutterstock.com
Layout: Camille de Montmorillon
Satz: inpunkt[w]o, Haiger (www.inpunktwo.de)
Druck: Firmengruppe APPL, aprinta Druck, Wemding
Printed in Germany

ISBN Print 978-3-7423-2257-9
ISBN E-Book (PDF) 978-3-7453-2046-6
ISBN E-Book (EPUB, Mobi) 978-3-7453-2047-3